दुर्गादास

दुर्गादास

मुंशी प्रेमचंद

9 789390 198009
ISBN: 978-93-90198-00-9

Published: -

LECTOR HOUSE

LECTOR HOUSE LLP
E-MAIL: lectorpublishing@gmail.com

दुर्गादास

मुंशी प्रेमचंद

अनुक्रम

पृष्ठ

अध्याय 1

जोधपुर के महाराज जसवन्तसिंह की सेना में आशकरण नाम के एक राजपूत सेनापति थे, बड़े सच्चे, वीर, शीलवान् और परमार्थी। उनकी बहादुरी की इतनी धाक थी, कि दुश्मन उनके नाम से कांपते थे। दोनों दयावान् ऐसे थे कि मारवाड़ में कोई अनाथ न था।, जो उनके दरबार से निराश लौटे। जसवन्तसिंह भी उनका बड़ा आदर-सत्कार करते थे। वीर दुर्गादास उन्हीं के लड़के थे। छोटे का नाम जसकरण था।

सन् 1605 ई., में आशकरण जी उज्जैन की लड़ाई में धोखे से मारे गये। उस समय दुर्गादास केवल पंद्रह वर्ष के थे पर ऐसे होनहार थे,कि जसवन्तसिंह अपने बड़े बेटे पृथ्वीसिंह की तरह इन्हें भी प्यार करने लगे। कुछ दिनों बाद जब महाराज दक्खिन की सूबेदारी पर गये, तो पृथ्वीसिंह को राज्य का भार सौंपा और वीर दुर्गादास को सेनापति बनाकर अपने साथ कर लिया। उस समय दक्खिन में महाराज शिवाजी का साम्राज्य था।मुगलों की उनके सामने एक न चलती थी; इसलिए औरंगजेब ने जसवन्तसिंह को भेजा था।जसवन्तसिंह के पहुंचते ही मार-काट बन्द हो गई। धीरे-धीरे शिवाजी और जसवन्तसिंह में मेल-जोल हो गया। औरंगजेब की इच्छा तो थी कि शिवाजी को परास्त किया जाये। यह इरादा पूरा न हुआ, तो उसने जसवन्तसिंह को वहां से हटा दिया, और कुछ दिनों उन्हें लाहौर में रखकर फिर काबुल भेज दिया। काबुल के मुसलमान इतनी आसानी से दबने वाले नहीं थे। भीषण संग्राम हुआ; जिसमें महाराजा के दो लड़के मारे गये। बुढ़ापे में जसवन्तसिंह को यही गहरी चोट लगी। बहुत दु:खी होकर वहां से पेशावर चले गये।

उन्हीं दिनों अजमेर में बगावत हो गई। औरंगजेब ने पृथ्वीसिंह को विद्रोहियों का दमन करने का हुक्म दिया। पृथ्वीसिंह ने थोड़े दिनों में बगावत को दबा दिया। औरंगजेब यह खबर पाकर बहुत खुश हुआ और पृथ्वीसिंह को पुरस्कार देने के लिए दिल्ली बुलाया। कुछ लोगों का कहना है कि वहां पृथ्वीसिंह को विष से सनी हुई खिलअत पहनाई गई, जिसका नतीजा यह हुआ कि धीरे-धीरे विष उनकी देह में मिल गया और वह थोड़े ही दिनों में संसार से विदा हो गये। यह भी कहा जाता है कि औरंगजेब मारवाड़ पर कब्जा करना चाहता था। और इसलिए जयवन्तसिंह को बार-बार लड़ाईयों पर भेजता रहता था।औरंगजेब की इस अप्रसन्नता का कारण शायद यह हो सकता है, कि जब दिल्ली के तख्त के लिए शाहजादों में लड़ाई हुई; तो जसवन्तसिंह ने दाराशिकोह का साथ दिया था।औरंगजेब ने उनका यह अपराध क्षमा न किया था। और तबसे बराबर उसका बदला लेने की फिक्र में था।खुल्लम-खुल्ला जसवन्तसिंह से लड़ना सारे राजपूताना में आग लगा देना था। इसलिए वह कूटनीति से अपना काम निकालना चाहता था।

पृथ्वीसिंह के मरते ही, औरंगजेब ने मारवाड़ में मुगल सूबेदार को भेज दिया। जयवन्तसिंह तो इधर पेशावर में पड़े हुए थे। औरंगजेब को मारवाड़ पर अधिकार जमाने का अवसर मिल गया। पृथ्वीसिंह का मरना सुनते ही महाराज पर बिजली-सी टूट पड़ी। शोनिंगजी ने महाराज को गिरने से संभाला और धीरे से एक पलंग पर लिटा दिया। थोड़ी देर के उपरान्त, जसवन्तसिंह ने आंखें खोलीं। सामने शोनिंगजी को खड़ा देखा। आंखों में आंसू भरकर बोले भाई! शोनिंगजी! यह प्यारे बेटे के मरने की खबर नहीं आई! यह मेरे लेने को मेरी मौत आई है। आओ, हम अपने मरने के पहले तुमसे कुछ

कहना चाहते हैं। शोनिंगजी को लिये महाराज भीतर चले आये और एक लोहे की छोटी सन्दकची देकर बोले भाई,यह सन्दकची हम तुम्हें सौंपते हैं। इसकी रखवाली तुम्हें उस समय तक करनी होगी, जब तक कोई राजपूत मारवाड़ को मुगलों के हाथ से छुड़ाकर हमारी गद्दी पर न बैठे। यदि ईश्वर कभी वह दिन दिखाये तो यह उपहार उस राजकुमार को राजगद्दी के समय भेंट करना। उसके पहले तुम या दूसरा कोई इसको खोलकर देखने की इच्छा भी न करे। यदि किसी आपत्ति के कारण तुम इसकी रक्षा न कर सको, तो दूसरे किसी को जैसे मैंने तुमसे कहा है, कहकर सौंप देना।

दूसरे दिन महाराज ने अपने सब सरदारों को बुलवाया और बोले – ' भाइयो! औरंगजेब ने हम राजपूतों से अपने बैर का बदला पूरा-पूरा चुका लिया। अब राजवंश में हमारे पीछे कोई भी न रहा, जो हमारी गद्दी पर बैठे। यद्यपि हमारी दो रानियां भाटी और हाड़ी सगर्भा हैं; परन्तु ऐसे खोटे दिनों में क्या आशा की जाये कि उनके लड़का पैदा होगा? लेकिन यदि ईश्वर की कृपा हुई, और हमारी गद्दी का वारिश पैदा हुआ, तो यह कोई अनहोनी बात नहीं कि तुम लोगों की सहायता से औरंगजेब के हाथों से मारवाड़ को छुड़ा लें; इसलिए हमारी अन्तिम आज्ञा है कि अपने राजकुमार के साथ वैसा ही बर्ताव करना, जैसा आज तक हमारे साथ करते आये हो। भाइयो! जो मारवाड़ आज तक औरों की विपत्ति में सहायता करता था।, आज वही अपनी सहायता के लिए दूसरों का मुंह ताक रहा है। आदमी नहीं, समय ही बलवान् होता है! कभी औरंगजेब मुझसे डरता था।आज मैं उससे डरता हूं। अब इस बुढ़ापे में मैं अपने देश के लिए क्या कर सकता हूं? कुछ नहीं।'

महाराज की आंखों में आंसू उबडबा आये। फिर कुछ न कह सके। थोड़ी देर सभा में सन्नाटा रहा, सभी के चेहरों पर उदासी थी और सभी एक दूसरे का मुंह ताकते रहे। बाद में महाराज भीतर चले गये और सरदार लोग अपने-अपने डेरों पर लौटे। इसके सप्ताह बाद महाराज ने शरीर त्याग दिया। बहादुर राजपूत शोक और पराजय की चोटों को न सह सका। सब रानियां महाराज के साथ सती हो गयीं, केवल भाटी और हाड़ी दो रानियों को सरदारों ने सती होने से रोक लिया। सन् 1678 ई. माघ बदी चार के दिन रानी के बेटा पैदा हुआ। दूसरे ही दिन हाड़ी के भी लड़का हुआ। बड़े का नाम अजीत और छोटे का दलथम्भन रखा गया।

औरंगजेब ने यह हाल सुना तो रानियों को पेशावर से दिल्ली बुला भेजा। सर्दी लग जाने से दलथम्भन तो राह में ही मर गया। और लोग कुशल से दिल्ली जा पहुंचे और रूपसिंह उदावत की हवेली में ठहरे। यह दिल्ली में सबसे बड़ी और सरदारों के लिए सुभीते की जगह थी। दूसरे दिन दुर्गादास कर्णोत, महारानियों के आने की सूचना देने के लिए औरंगजेब के पास गया। बादशाह ने लोकाचार के बाद कहा – ' दुर्गादास! देखो बेचारा दलथम्भन तो मर ही गया। अब हमें चाहिए कि अजीत का लालन-पालन होशियारी से करें, जिससे बेचारे जसवन्तसिंह का दुनिया में नाम रह जाय, इसलिए यही अच्छा होगा, कि अजीत को हमारे पास छोड़ दिया जाये। जैसे जसवन्तसिंह का लड़का, वैसे ही हमारा लड़का। हम उसकी स्वयं देखभाल करेंगे। और बड़े होने पर जोधपुर की गद्दी पर उसका राजतिलक कर देंगे। दुर्गादास बादशाह की मंशा ताड़ गया;परन्तु बड़ी नरमी से बोला जहांपनहा! इसमें कोई सन्देह नहीं, अजीत की रक्षा और पालन, जैसा यहां हो सकता है, और कहीं नहीं हो सकता। आप उसके ऊपर इतनी दया रखते हैं, यह उसका सौभाग्य है, पर अजीत अभी तीन महीने का है, और माता के ही दूध पर उसका जीवन है,इसलिए यह अच्छा होगा, कि दूध छूटने पर वह आपकी सेवा में लाया जाय। औरंगजेब ने दुर्गादास की बात मान ली।

वीर दुर्गादास ने लौटकर महारानी तथा। सब राजपूत सरदारों के सामने, बादशाह की बातचीत जैसी-की-तैसी कह सुनाई। सुनते ही सरदारों की आंखें लाल हो गयीं। दुर्गादास ने कहा – ' भाइयो! यह समय क्रोध का नहीं, चतराई का है। पहले किसी उपाय से राजकुमार को दिल्ली से हटाया जाय, फिर जैसा होगा, देखा जायेगा। आनन्ददास खेंची, जो सबसे चतुर सरदार था।, सवेरे ही एक सपेरे को लालच देकर लाया और उसकी सांप वाली पिटारी में राजकुमार को छिपाकर दिल्ली से बाहर

निकल गया। वहां से आबू की घनी पहाड़ियों के बीच से होकर, मारवाड़ के एक डुगबा नाम के गांव में अपने मित्र जयदेव ब्राह्मण के घर पहुंचा। वहीं छिपे-छिपे राजकुमार का लालन-पालन करने लगा। इधर महारानी की गोद में राजकुमार की जगह दूसरा लड़का रख दिया गया।

एक वर्ष बीत जाने पर, जब औरंगजेब ने देखा, राजपूत अजीत को सीधे -सीधे नहीं देना चाहते, तो उसने जबरदस्ती राजकुमार को लाने के लिए शहर कोतवाल फौलाद को भेजा। उसने दो हजार हथियारबन्द सिपाही लेकर रूपसिंह उदावत की हवेली घेर ली। एकाएक अपने को विपत्ति में पड़ा देख दुर्गादास ने कहा – ' भाइयो! राजपूत दूसरों की रक्षा के लिए अपने प्राणों का लालच नहीं करते। हम राजपूत कहला कर राजकुमार के समान पाले हुए बालक को अपने हाथों मौत के मुंह में डालना नहीं चाहते। महारानी ने कहा – ' हमारी चिन्ता मत करो, हमारी लाज रखने वाली यह कटारी है। मैं कब की मर चुकी होती यदि यह देखने की लालसा न होती, कि राजपूत अपने देश पर किस वीरता से अपने प्राणों को न्योछावर करते हैं! रूपसिंह ने बालक की रक्षा का भार अपने ऊपर लिया। रानी ने छाती में कटारी मारकर देह त्याग दी। फिर क्या था।?राजपूत वीर निश्चिन्त हो नंगी तलवारें हाथों में ले हर-हर महादेव करते हुए शत्रु सेना पर टूट पड़े। तीन बड़ी मुगल-सेना के सामने दो-ढाई सौ आदमी इसके सिवा और कर ही क्या सकते थे। सब-के-सब वहीं लड़ मरे। शाम तक लड़ाई होती रही। मैदान साफ हो गया तो शहर कोतवाल ने रूपसिंह की हवेली तिल-तिल खोज मारी; परन्तु राजकुमार अजीत का कहीं पता न चला। बेचारे को इतने राजपूतों की हत्या करने पर भी खाली ही हाथ लौटना पड़ा।

झुटपुटा हो ही चुका था।चारों ओर निर्मल आकाश में तारे छिटकने लगे थे। चन्द्रमा की शीतल किरणें पृथ्वी पर आ-आकर कराहते हुए घायल वीरों को मानो ढाढ़स दे रही थी। सर्द हवा के धीमे झकोरों के लगने से घायल वीरों ने आंखें खोलीं और एक दूसरे के सहारे उठने लगे। इनमें वीर दुर्गादास कर्णोत की दशा दूसरे के देखते कुछ अच्छी थी। चन्द्रमा के प्रकाश में वीर दुर्गादास अपनी ओर के सब राजपूत सरदारों को एक-एक करके देखने लगे। जिस किसी को जीवित पाया, सहारा देकर उठा लाये। ढाई सौ राजपूतों में केवल वीर दुर्गादास कर्णोत, मोकहमसिंह मेडतिया, भोजराज विदावत, रूपसिंह उदावत, महासिंह और दूधोजी चांपावत, इत्यादि इने-गिने सरदार ही जीवित बचे थे। बूढ़े दूधोजी ने कहा – ' भाई, चांदनी फीकी पड़ चली। रात आधी से अधिक बीत गई। अब यहां बैठने में भलाई नहीं है। देह तो छिन्न-भिन्न हो चुकी है। बचे-खुचे प्राणों की रक्षा करें। वीर दुर्गादास ने कहा – ' अभी ठहरो हम महारानी का शव लिये बिना यहां से जीवित नहीं जाना चाहते। धिक्कार है! हमारे जीते जी ही महारानी का पुनीत शरीर मुगलों के हाथ पड़े।

उन शब्दों में न जाने क्या जादू था।, कि जो दूसरे के सहारे भी न खड़े हो सकते थे, वही महारानी की लोथ लेकर सवेरा होते-होते दिल्ली से पांच-छ: कोस दूर निकल गये और आबू की घनी पहाड़ियों में दाह-क्रिया कर दी। आज की रात यहीं काटी। दूसरे दिन जयदेव ब्राह्मण के घर पहुंचे। राजकुमार को सुखी देखकर अपना पिछला दु:ख भूल गये। दूसरे दिन आनन्ददास खेंची को राजकुमार के लालन-पालन के विषय में सावधान करके एक दूसरे से गले मिले और विदा होकर, अपने-अपने गांवों को चल दिये। राह में जितने छोटे-बड़े गांव मिले, सब में दुर्गादास ने मुगल सिपाहियों के चौकी-था।ने बने देखे। जैसे-तैसे छिपते-छिपाते कल्याणगढ़ पहुंचे। जैसे गाय से दिन भर का बिछड़ा बछड़ा मिलता है,वैसे ही दुर्गादास अपनी माता के चरणों पर गिर पड़ा। बूढ़ी माता ने उठाकर छाती से लगा लिया। दोनों ही की आंखों से प्रेम के आंसू बहने लगे।

इसी समय दुर्गादास का पुत्र तेजकरण और छोटा भाई जसकरण भी आ गये। दोनों ही रूपवान और बलवान थे। जैसे दुर्गादास अपने देश की भलाई के लिए तन, मन, धन न्योछावर किये बैठा था।, वैसे ही जसकरण और तेजकरण भी देश की स्वतन्त्रता के नाम पर बिके हुए थे। बूढ़ी माता भी मुगलों के अत्याचार से दुखी थी। अपने पुत्रों को देश पर मर मिटने के लिए सदैव उसकाया करती थी। पर

जब अपने ही बन्धा देश को बरबाद करने पर तुले बैठे हों, तो कोई क्या करे?

जसवन्तसिंह के बड़े भाई अमरसिंह का लड़का इन्द्रसिंह राज्य के लालच में औरंगजेब से मिल गया था।वह चाहता था। कि देश से प्रभावशाली राजपूत सरदारों को राह में बिछे हुए कांटों के समान नष्ट कर दें और बे-खटके मारवाड़ पर राज करे। औरंगजेब को तो यह उपाय सुझाने की देर थी। उसकी ऐसी इच्छा पहले ही से थी। यह बात उसके मन में बैठ गई। मारवाड़ के मुगल सूबेदार के नाम तुरन्त फरमान जारी कर दिया सरदारों को गिरफ्तार कर लो। फिर क्या था।? गांव-गांव भागे हुए सरदारों की खोज होने लगी। कितने प्राण की डर से बादशाह से जा मिले। कुछ इधर-उधर छिप रहे। उनके घर लूट लिये गये। फिर भी न निकले। शोनिंगजी चांपावत ने सरदारों की यह दशा देखी, तो घबरा उठे। ऐसी दशा में महाराज जसवन्तसिंह की दी हुई लोहे की सन्दकची की रक्षा कैसे करें! इसी चिन्ता में थे, कि वीर दुर्गादास की याद आ गई। तुरन्त ही घोड़ा कसा और अरावली पहाड़ी के तलैटी में बसे हुए कल्याणपुर में जा पहुंचे। शोनिंगजी को आते देख दुर्गादास अगवानी के लिए आगे बढ़ा। दोनों मेल से गले मिले। देश की दशा पर बातें होने लगीं। शोनिंगजी ने कहा – ' भाई! यह समय बैठने का नहीं। आलस छोड़ो और हमारे साथ अभी चला। दुर्गादास ने अपनी माता से आज्ञा मांगी और शोनिंगी के साथ चल पड़े। दिन डूबते-डूबते दोनों आवागढ़ कोट में पहुंचे। दुर्गादास मुगल सिपाहियों को इधर-उधर कोट की चौकसी करते देख भीतर जाने में हिचकिचाया। शोनिंगजी ने धीरे से कहा – ' यदि देश की भलाई चाहते हो, तो चले जाओ।

दोनों एक अंधेरी कोठरी में जा पहुंचे। शोनिंगजी भीतर से एक छोटी-सी लोहे की सन्दकची उठा लाये और दुर्गादास के सामने रखकर बोले यह था।ती महाराज जसवन्तसिंह ने अपने मरने के दस दिन पहले हमें सौंपी थी, और कहा – ' था। "जो वीर मारवाड़ को स्वतन्त्रा कर जोधपुर की गद्दी पर बैठेगा, यह उपहार उसी को दिया जाय। उसे छोड़, दूसरा कोई भी यह जानने की इच्छा न करे, कि इसमें क्या है?" भाई! अब मैं इसकी रक्षा नहीं कर सकता। इसलिए तुम्हें सौंपता हूं और यदि मेरी-सी दशा, ईश्वर न करे, कभी तुम्हारी भी हो, तो ऐसा ही करना, जैसा मैं कर रहा हूं। वीर दुर्गादास सब बातों को धयान से सुनता रहा। तब सन्दकची उठाकर मटके के सहारे कमर में बांधा ली और राम जुहार करता हुआ घोड़े पर सवार हो, सीधी राह छोड़ पगडण्डी पर हो लिया।

अध्याय 2

एक तो अंधेरी अटपटी राह, बेचारा घोड़ा अटक-अटक कर चलता था।वह अपनी ही टापों की ध्वनि सुनकर कभी पहाड़ियों से टकराकर लौटती थी, चौंक पड़ता था।पहर रात जा चुकी थी, धीरे-धीरे चारों ओर चांदनी छिटकने लगी थी। दूर से कंटालिया गांव अब धुंआ-सा दिखाई पड़ा था।वीर दुर्गादास देश की दशा पर खीझता चला जा रहा था।अकस्मात् तलवारों की झनझनाहट सुन पड़ी। चौकन्ना हो, अपनी तलवार खींच ली और उसी ओर बढ़ा, देखा कि दो राजपूत को बाईस मुगल घेरे हुए हैं। क्रोध में आकर मुगलों पर टूट पड़ा। दो-चार मारे गये और दो-चार घायल हुए। मुगलों ने पीठ दिखाई और "मदद-मदद" चिल्लाने लगे! वीर दुर्गादास ने कहा – ' दोनों राजपूत में से एक तो मारा गया है और दूसरा घायल। चाहता था। कि घायल राजपूत को उठा ले जाय, परन्तु न हो सका। चन्द्रमा के प्रकाश में देखा कि दौड़ते हुए बीस-पच्चीस मुगल चले आ रहे हैं। वीर दुर्गादास ने उनको इतना भी समय न दिया, कि वे अपने शत्रु को तो देख लेते, दस-ग्यारह को गिरा दिया। खून! खून! जोरावर खां का खून! चिल्लाते हुए मुगल पीछे हटे थे, कि दुर्गादास ने सोचा, अब यहां ठहरना चतुराई नहीं। बस, घायल राजपूत को उठाकर कल्याणपुर की ओर भाग निकला। थोड़ी ही रात रहे घर पहुंचा। बूढ़ी माता दुर्गादास और दूसरे राजपूत को रक्त से नहाया हुआ देख घबरा उठी। तुरन्त ही दोनों की मरहम-पट्टी हुई थी, थोड़ी देर बाद जब दुर्गादास कुछ स्वस्थ हुआ तो माता ने पूछा बेटा, तुम्हारी यह दशा कैसे हुई?दुर्गादास ने अपनी बीती कह सुनाई। माता ने घायल राजपूत को देखा, तो पहचान गई। दुर्गादास से कहा – ' क्या तुम इन्हें नहीं पहचानते?दुर्गादास के बोलने से पहले ही घायल राजपूत, जो अब सचेत हो चुका था।, बोल उठा मां जी, दुर्गादास मुझे पहचानते तो हैं; परन्तु इस समय नहीं पहचान सके, क्योंकि पहले के देखते अब मुझमें अन्तर भी तो है! भैया, मैं आपका चरण-सेवक महासिंह हूं! बूढ़ी मां जी महासिंह पर हाथ फेरती हुई बोली हां, तू तो बहुत दुर्बल हो गया है। बेटा ऐसी क्या विपत्ति पड़ी? महासिंह अभी बोला भी न था। कि घर का सेवक नाथू दौड़ता हुआ आया और बोला महाराज, भागो। हथियारबन्द मुगल सिपाही चिल्लाते चले आ रहे हैं।

मां जी ने कहा – ' बेटा, कहीं भागकर अपने प्राण बचाओ मुगल बहुत हैं, तुम अकेले हो और महासिंह घायल है, व्यर्थ प्राण देना चतुराई नहीं। दुर्गादास बोले मां जी, तुम सबको संकट में छोड़कर मैं अपने प्राणों की रक्षा करूं? महासिंह ने समझाया नहीं भाई, मां जी का कहना मानो। जिन्दा रहोगे, तभी देश का उद्धार कर सकोगे।

दुर्गादास ने कहा – ' देखो, मुगलों की तलवारों की झन-झनाहट सुन पड़ती है। वह अब आ पहुंचे। भागने का समय कहां रहा? और जायें भी तो कहां जायं?

नाथू बोला महाराज! आप लोग पीछे वाले अन्धो कुएं में उतर जाएं।

माता का हठ पूरा करने के लिए दुर्गादास छिपने को चला; परन्तु कुएं में पहले महासिंह को उतारा; क्योंकि वह घायल था।फिर शोनिंग जी की सौंपी हुई लोहे की सन्दकची उतारी। उसके उपरान्त, तेजकरण और जसकरण को उतारा। इतने में मुसलमानों ने किवाड़ तोड़ डाले। दुर्गादास कुएं में न उतर सका, एक छितरे बरगद के वृक्ष पर चढ़ गया। सिपाहियों ने घर का कोना-कोना ढूंढा पर दुर्गादास न मिला। एक सिपाही मांजी को सरदार मुहम्मद खां के पास पकड़ लेने चला। देखते

ही मुहम्मद खां ने डपटकर कहा – ' खबरदार! बूढ़ी औरत को हाथ न लगाना। सिपाही अलग जा खड़ा हुआ। मुहम्मद खां आप ही मां जी के सामने गया और बड़ी नर्मी से बोला मां जी! दुर्गादास ने कंटालिया के सरदार शमशेर खां के भतीजे जोरावर खां को मार डाला है। बादशाह की आज्ञा ऐसे अपराध के लिए शूली है। अपराधी के बचाने अथवा छिपाने का भी यही दण्ड है।

मां जी ने कहा – ' सरदार! यह तू किससे कह रहा है? मैं दुर्गादास की मां हूं। क्या मां अपने बेटे को अपने हाथों शूली पर चढ़ा देगी?भला मैं बता सकती हूं कि दुर्गादास कहां है? यदि प्राण का बदला प्राण लेना ही न्याय है, तो दुर्गादास अपराधी नहीं। उसने तो जोरावर खां को एक राजपूत के मार डालने के बदले में ही मारा है। मुहम्मद खां ने कहा – ' मां जी! मुझे यह मालूम न था।, कि जोरावर खां किसी के बदले में मारा गया है। अब मैं जाता हूं। परन्तु दुर्गादास को सूर्य निकलने के पहले ही किसी अनजाने स्थान में भेज देना। नहीं तो दूसरे सरदार के आने पर बना-बनाया काम बिगड़ जायगा। यह कहता हुआ शरीफ मुहम्मद खां बाहर निकला और अपने सिपाहियों को किसी दूसरे गांव में दुर्गादास की खोज करने की आज्ञा दे दी। संकट में कभी-कभी हमें उस तरफ से मदद मिलती है, जिधार हमारा धयान भी नहीं होता।

मुगलों के चले जाने के बाद, दुर्गादास वृक्ष से उतर कर मां जी के पास आया। मां जी ने मुहम्मद खां के बर्ताव की बड़ी सराहना की और दुर्गादास को सूर्योदय से पहले ही घर से निकल जाने को कहा – '। दुर्गादास राजी हो गया। परन्तु जसकरण और तेजकरण को माता की रक्षा के लिए छोड़ जाना चाहा। मां जी ने कहा – ' ना बेटा! मेरे काम के लिए नाथू बहुत है। तू जसकरण और तेजकरण को अपने साथ लेता जा। न जाने कब कौन काम पड़े! एक से दो अच्छे हैं। दुर्गादास सवेरा होते-होते मां जी को प्रणाम कर अपने भाई और बेटे को साथ ले घर से निकला। चलते समय नाथू को बुलाकर कहा – ' देख माजी के कुशल-समाचार हमको प्रतिदिन पहुंचाया करना। और मुगलों से सदा सावधान रहना। महासिंह यदि जीवित हो, तो आज ही जैसे बने वैसे माड़ों पहुंचा देना और यदि मर गया हो, तो दाह-क्रिया कर देना और सुन उस लोहे की सन्दकची को अपने प्राणों के समान समझना; परन्तु खोलकर यह न देखना कि उसमें क्या है? इस प्रकार नाथू को समझा-बुझाकर सूर्योदय के पहले ही अरावली की पहाड़ियों में पहुंच गया। माजी द्वार पर बड़ी देर तक खड़ी रहीं, जब दोनों बेटे और पोता आंख से ओझल हो गये तो घर लौट आयीं और ईश्वर से प्रार्थना करने लगीं भगवान्! हमारे बेटों को कुशल से रखना।

नाथू जो अभी बाहर ही था।, दौड़ता हुआ आया, बोला मां जी-मां जी, सामने से कुछ घुड़सवार चले आ रहे हैं। नाथू और कुछ न कह सका था। कि डेढ़-दो सौ मुसलमान सिपाही घर में घुस आये और मां जी को पकड़ लिया। नाथू घबरा उठा, अपने लिए नहीं, बूढ़ी मां जी के लिए। वह यह नहीं देख सकता था। कि एक क्षत्रणी मुगल सिपाहियों के बीच उघाड़ी खड़ी हो; परन्तु क्या करे? चार सिपाहियों ने पहले नाथू को ही पकड़ा। सरदार ने पूछा डोकरी, बता, तेरा खूनी लड़का दुर्गादास कहां है? मां जी ने कहा – ' मैं नहीं जानती, घर पड़ा है। जहां हो, खोज लो।

सरदार ने नर्मी से फिर कहा – ' माजी, सच-सच बता दो, तो मैं दुर्गादास का खून माफ करा दूंगा और मकदूर भर उसकी मदद भी करूंगा। तुम्हें भी बादशाह से बहुत-सा धन दिला दूंगा; क्योंकि दुर्गादास अपराधी नहीं। अपराधी तो वह राजपूत है, जिसके लिए जोरावर खां मारा गया। हमें दुर्गादास से और कुछ न चाहिए। हमें उस राजपूत का पता बता दो, वह कौन था। और कहां है। यदि बादशाह को पता न लगा, तो उसके बदले तुम सब मारे जाओगे।

मां जी बोलीं अच्छा हो, मैं बेटे की रक्षा के लिए मारी जाऊं। मैं बूढ़ी हूं, अब दिन भी मरने के समीप ही हैं; परन्तु बेटों की प्राण-रक्षा के लिए मैं विश्वासघात नहीं कर सकती। जिसे आश्रय दिया है, उसे स्वार्थवश होकर निकाल नहीं सकते।

यह सुनकर शमशेर खां जल उठा और तलवार खींचकर मां जी की ओर दौड़ा। नाथू जिसे

सिपाही पकड़े पास ही खड़े थे, अपनी पूरी शक्ति लगाकर सिपाहियों के बीच से निकला और शमशेर खां के वार को रोका, परन्तु घायल होकर गिर पड़ा। दूसरे वार ने वीर माता का काम तमाम कर दिया। राजपूतानी ने कुल-मर्यादा की वेदी पर अपने प्राणों की आहुति दे दी। सरदार को अब भी सन्तोष न हुआ। घर की सम्पत्ति भी लुटवा ली और तब सिपाहियों को लौटने की आज्ञा दी। एक सिपाही वहीं खड़ा रहा; शमशेर खां ने पूछा क्यों रे खुदाबख्श! तू क्यों खड़ा है?खुदाबख्श ने कहा – ' मैं तेरे जैसे जालिम का कहना नहीं मानता, तू मुसलमान नहीं। अपने धार्म का जानने वाला मुसलमान कभी ऐसा अतयाचार नहीं कर सकता। कोई भी वीर पुरुष अबला पर हाथ नहीं उठाता। तूने उस बुढ़िया को क्यों मारा? इसने तेरा क्या बिगाड़ा था।? तूने उससे कहीं घोर अपराधा किया, जो दुर्गादास पर लगाया जा रहा है। बता, दो राजपूतों में से एक घायल हुआ था। और दूसरा मारा गया था।,उसके मारने वाले को किसने शूली दी? शमशेर खां बिगड़कर खुदाबख्श की ओर लपका। खुदाबख्श पहले ही से सावधान था।शमशेर खां को पटक कर छाती पर चढ़ बैठा। उसकी फरियाद सुनने वाला भी वहां कोई न था।सिपाही पहले ही चले गये थे। खुदाबख्श ने एक हाथ से सरदार का गला दबाया और दूसरे हाथ से करौली निकाली। शमशेर खां गिड़गिड़ाकर प्राणों की भिक्षा मांगने लगा। खुदाबख्श ने करौली फिर कमर में रख ली और शमशेर खां को छोड़कर बोला यह न समझना, मैंने तुझ पर दया की है। मैंने सोचा, वीर दुर्गादास अपनी बूढ़ी माता का बदला किससे लेगा? अपने क्रोध की भभकती हुई आग किसके रक्त से बुझायेगा? बस, इसलिए मैंने अपने हाथ तुम जैसे पापी के रक्त में नहीं रंगे। यह कहकर खुदाबख्श पीछे फिरा, और शमशेर खां कंटालिया की ओर भागा।

खुदाबख्श ने जाकर नाथू और मां जी की लाश देखी कि शायद अब भी कुछ जान बाकी हो। तब तक नाथू चैतन्य हो चुका था।, यद्यपि घाव गहरा लगा था।

अध्याय 3

खुदाबख्श ने नाथू को जीता देख ईश्वर को धान्यवाद दिया और घाव धोकर पट्टी बांधी। फिर बोला भाई! मुझसे डरो मत, मैं वह मुसलमान नहीं जो किसी का बुरा चेतूं। आखिर एक दिन खुदा को मुंह दिखाना है। मेरे लायक जो काम हो, वह बतलाओ। मुझे अपना भाई समझो। नाथू बड़ा प्रसन्न हुआ। मां जी की लोथ एक कोठरी में रखकर फिर दोनों ने मिलकर महासिंह को कुएं से निकाला। बाहर की वायु लगने से धीरे-धीरे महासिंह भी चैतन्य हो गया। नाथू ने दुर्गादास का वन जाना, मुसलमानों का धावा, मां जी का मरना और खुदाबख्श की कृति संक्षेप में कह सुनाई। महासिंह की आंखों में जल भर गया। कहने लगा नाथू! यह सब मुझ अभागे के कारण हुआ। अच्छा होता, कि मैं वहीं मारा जाता तो अपने आदमियों की यह दशा तो न देखता।

नाथू बोला महाराज, जो होना था।, हो लिया। अब आप खुदाबख्श के साथ माड़ों जाइए। और मैं स्वामी के पास जाता हूं। खुदाबख्श ने कहा – ' नाथू हो सके तो मुझे दूसरे कपड़े ला दो, जिसमें हमें कोई पहचान न सके। नहीं तो हमारी खैरियत नहीं। नाथू ने एक जोड़ा कपड़ा और दो घोड़े ला दिये। महासिंह लोहे की संदूकची लेकर, खुदाबख्श के साथ माड़ों चल दिया, और नाथू अरावली की पहाड़ियों में घूमने लगा। एक तो बूढ़ा, दूसरे घाव, तीसरे पहाड़ियों का चढ़ना; नाथू एक जगह बैठ गया। सोचने लगा परमात्मा! यह दो ही दिन में क्या हो गया? हम जहां कल आनन्द करते थे, आज वही राज-भवन श्मशान हो गया। जिसकी धाक सारे मारवाड़ में थी, आज न जाने किस पहाड़ी की गुफा में छिपा पड़ा है। बूढ़ी मां जी की लोथ घर में पड़ी सड़ रही है। हाय! जिसके बेटे का सामना बड़े-बड़े शूरवीर नहीं कर सकते थे, उसकी यह दशा! एक दुष्ट गीदड़ के हाथों मारी जाय! प्रभु, तेरी लीला अद्‌त है! आज ही मेरे स्वामी ने मुझे वृद्धा मां जी की सेवा सौंपी थी। और मैं आज ही उनके मरने का समाचार लेकर जाता हूं। हाय! स्वामी के पूछने पर मैं क्या उत्तर दूंगा? कैसे कहूंगा, वृद्धा मां जी को दुष्ट शमशेर खां ने मेरे जीते-जी मार डाला। हे प्रभु! यह कहने के पहले ही मैं मर क्यों न जाऊं? नहीं! नहीं! यदि मर जाता हूं तो स्वामी को दुष्ट का नाम कौन बतायेगा? हाय! अभागे नाथू! यह कहते-कहते वह अचेत हो गया। दुखियों पर दया करने वाली निद्रा देवी ने उसे अपनी गोद में लिटा लिया और वायु ने अपने कोमल झकोरों से थपककर सुला दिया। सवेरा हुआ, नाथू उठ बैठा और एक बहते हुए झरने से जल लेकर हाथ-मुंह धोया। ईश्वर की प्रार्थना कर एक ओर चल दिया, दोपहर होते-होते उस पहाड़ी पर पहुंचा, जहां दुर्गादास छिपा था।अपना परिचय देने के लिए राजपूती तलवार का बखान करते हुए मारू रागिनी गाई, जिसे सुनकर वीर दुर्गादास गुफा से बाहर निकला नाथू ने अपने स्वामी को देखा, तो दौड़कर चरणों पर गिर पड़ा। दुर्गादास ने पूछा नाथू हमारी मांजी तो कुशल से हैं?

नाथू ने इस प्रश्न को टालकर कहा – ' महाराज कल ही आपके चले आने के बाद महासिंह जी को कुएं से निकाला, वे जीवित थे। लोहे वाली पेटी लेकर माड़ों चले गये और (अंगूठी देकर) चलते समय यह अमूल्य अंगूठी देकर कहा – ' नाथू, यह अंगूठी अपने स्वामी को देना और कहना जिसके द्वारा यह अंगूठी मेरे पास भेजी जायगी, मैं उसके आज्ञानुसार अपने प्राण भी दे सकूंगा। जसकरण और तेजकरण दोनों माता के कुशल समाचार के लिए व्याकुल थे। बोले नाथू! और बातें पीछे करना। पहले मां जी की कुशल कह। नाथू सूख गया, आंखों में आंसू भर गये। दुर्गादास ने घबड़ाकर कहा – ' नाथू! क्यों? बोलता क्यों नहीं? क्या हुआ? शीघ्र कह। नाथू ने रो-रोकर शोक वृत्तान्त विस्तार सहित

कह सुनाया। और शमशेर खां की तलवार आगे फेंक दी।

दुर्गादास की आंखें क्रोध से लाल हो गयीं। तलवार हाथ में उठा ली और बोला हे, सर्वशक्तिमान् जगत के साक्षी! मैं आपके सामने सौगन्धा लेता हूं, जिस पापी ने हमारी निर्दोष वृद्धा माता को मारा है, उसे इसी तलवार से मारकर जब तक रक्त का बदला न ले लूंगा, जलपान न करूंगा, नाथू ने कांपते स्वर में कहा – ' हां, हां, स्वामी! यह क्या करते हैं? मुगल बहुत हैं और आप अकेले, यदि आज ही बदला न मिल सका, तो कब तक आप बिना जलपान के रहेंगे? दुर्गादास बोला नाथू! नाथू! तू भूलता है। मैं अकेला नहीं, मेरा सत्य, मेरा प्रभु मेरे साथ है। सत्य की सदैव जय होती है।अबला पर हाथ उठानेवाला बहुत दिन जीवित नहीं रह सकता। ईश्वर ने चाहा, तो आज ही माता के ऋण से उऋण हो जाऊंगा। यदि ऐसा न किया गया, तो एक देश पर प्राण देने वाली क्षत्रणी की गति कदापि न होगी।

सूर्य अस्त हो रहा था।अंधोरा बढ़ता जा रहा था।दुर्गादास ने नाथू को अपनी अंगूठी देकर कहा – ' तू महासिंह के पास चला जा और मेरी अंगूठी देकर कहना, दुर्गादास अपनी वृद्धा मां जी का बदला लेने के लिए कंटालिया गये हैं, यदि जीते रहे तो कभी मिलेंगे, नहीं तो उनको अन्तिम राम-राम। और उसी क्षण अपने बेटे और अपने भाई को साथ लेकर कंटालिया की ओर चल दिये। पहर रात बीते पटेलों की बस्ती पहुंचे। रणसिंह लगभग एक सौ राजपूत वीरों को साथ ले वीर दुर्गादास की अगवानी के लिये आया। दुर्गादास राजपूतों को देखकर प्रसन्न हुआ। शमशेर खां वाली तलवार ऊंची उठा कर बोला भाइयो! यह तलवार दुष्ट शमशेर खां कंटालिया के सरदार की है। उसने हमारी पूज्य माता की हत्या करके देश का अपमान किया है। मैंने मां जी का बदला लेने के लिए सौगन्धा ली है। यदि तुममें राजपूती का घमण्ड है, यदि तुममें देश के उद्धार की इच्छा है, यदि तुम अपनी निर्दोष वृद्धा माताओं, बहिनों और बेटियों की लाज रखना चाहते हो, तो शत्रुओं से बदला लेने की सौगन्ध उठाओ।

दुर्गादास के जलते हुए शब्द सुनकर वीर राजपूतों का रक्त उमड़ उठा और एक साथ ही सब सरदार बोल उठे हम बदला लेंगे। जीते-जी आपकी आज्ञा का पालन करेंगे। तुरन्त सबों ने म्यान से तलवारें खींच लीं और दुर्गादास के पीछे-पीछे चल दिये।

आधी रात बीत चुकी थी। जान की बाजी खेलने वालों का दल कंटलिया पहुंचा और किले पर धावा बोल दिया। द्वार बन्द था।उसे तोड़कर सब अन्दर घुसे, जो सामने आया, उसे वहीं ठण्डा कर दिया। हथियारों की झनझनाहट सुनकर शमशेर खां चौंक उठा। सामने देखा तो वीर दुर्गादास खड़ा था।दुर्गादास ने कहा – ' ओ! निर्दोष अबला पर हाथ उठाने वाले पापी शमशेर खां, सावधान! अपने काल को सामने देख शमशेर खां गिड़गिड़ाने लगा।

दुर्गादास ने कहा – ' संभल जा। राजपूत कभी निहत्थे शत्रु पर वार नहीं करते। देख, यह वही तलवार है, जिसने वृद्धा मां जी का रक्तपान किया है। अभी प्यासी है, अब तेरे रक्त से इसकी प्यास बुझाऊंगा।

शमशेर खां सजग होकर सामने आया। वीर दुर्गादास ने एक ही वार में उसका सिर उड़ा दिया। तब तलवार वहीं फेंक दी और अपने सहायक शूरवीरों को साथ ले कल्याणगढ़ की ओर चल दिया।

दुर्गादास की इच्छा थी कि मां जी का अग्नि संस्कार कर दिया जाय। इसलिए कल्याणगढ़ गया भी था।, परन्तु मुगल सिपाहियों ने पहले ही दुर्गादास का घर ही नहीं, सारा कल्याणगढ़ ही फूंक दिया था।अपने गांव की दशा देख, बेचारे की आंख में आंसू भर गये। थोड़ी देर मौन खड़ा रहा। फिर क्रोध में आकर बोला भाइयों! जब कोई अपराध न करने पर शत्रुओं ने मां जी को मार डाला, घर-बार लूट लिया और गांव जला दिया, तो फिर उससे मेल की क्या आशा की जा सकती है। ऐसे हत्यारों से मेल करके हम मारवाड़ को अपमानित नहीं कर सकते। हमारा धार्म केवल पहाड़ियों में छिपकर जान बचाना ही नहीं है। अब तो गांव-घर न होने पर मारवाड़ ही हमारा घर है; वृद्धा मां जी की जगह मारवाड़ की पवित्र भूमि ही हमारी माता है; इसलिए जब तक अपनी माता के संकटों को दूर न कर

लूंगा, (म्यान से तलवार निकालकर) तब तक म्यान से निकली हुई तलवार फिर म्यान में न रखूंगा।

यह प्रण करके वीर दुर्गादास अपने बेटे, भाई और थोड़े-से राजपूतों को साथ ले अरावली पहाड़ की ओर चला गया।

वीर दुर्गादास से विदा होकर नाथू दूसरे दिन माड़ों पहुंचा। दुर्गादास का सेवक जानकर द्वारपाल उसे महाराज महासिंह के पास ले गया। महासिंह ने नाथू को आदर के साथ बैठाया, और वीर दुर्गादास का सन्देश सुना। थोड़ी देर उदास मन हाथ-पर-हाथ धारे बैठे रहे। फिर बोले नाथू! बड़े दुख की बात है कि जिसके लिए दुर्गादास ने मुगलों से बैर किया, वह राजसुख भोगे! धिक्कार है ऐसे जीवन पर! अपने प्राण बचाने वाले की नेकियों का कुछ भी बदला न दे सका। नाथू, मैं कल ही तुम्हारे साथ चलूंगा।

महासिंह की स्त्री तेजोबाई, जो वहीं बैठी-बैठी यह कथा। सुना रही थी, बोली महाराज! दुर्गादास की सहायता का विचार भूलकर भी न करना। अभी आपके घाव भी अच्छे नहीं हुए और फिर मुगलों का सामना करने का साहस करने चले। मैं नहीं जानती, आप मुट्ठीभर राजपूत लेकर इतने बड़े मुगल बादशाह का सामना क्योंकर करोगे? पतिंगों के समान दीपक में जल मरना कोई चतुराई है? दुर्गादास ने बैर करके क्या लाभ उठाया? परोसी हुई सोने की था।ली में लात मत मारी। जोरावर खां को मारकर कौन सुख पाया? यही न कि घर-बार लुटवाया, मां जी की हत्या कराई और अब जंगलों-पहाड़ों की हवा खाते फिरते हैं। क्या आप भी ऐसे सिरफिरों की सहायता करके राज्य खोना चाहते हैं? ये वाक्य महासिंह के कलेजे में तीर की तरह लगे। परन्तु घर में ही फूट न पैदा हो जाय, इसलिए क्रोध न किया। बोला तेजोबाई! क्या दुर्गादास सिरफिरा है, जिसने तेरी बेटी की लाज रखी और सुहाग रक्षा की? दुर्गादास ने बेटों की लाज रखी और सुहाग की रक्षा की? दुर्गादास ने अपने लिए नहीं, किन्तु मेरे प्राणों को बचाने के लिए मुगलों से बैर बसाया। यदि जोरावर खां मारा न गया होता, तो आज तेरी बेटी लालवा की ईश्वर जाने कौन दशा होती। हां! समय निकल जाने पर तू ऐसे वीर पुरुष को मूर्ख कहती हैं! धिक्कार है, तुझे और तेरे जन्मदाता को। ब्रह्मा को तुझे क्षत्रणी न बनाना था।तेजबा राजसुख की भूखी थी, उसे महासिंह की सिखावन कैसे अच्छी लगती? उठकर दूसरी जगह चली गई; और अपने भतीजे मानसिंह को बुलाकर कहा – ' बेटा, अपने काका को समझा दो, बैठे-बैठाये दूसरे का झगड़ा अपने सिर न लें। इसमें कोई भलाई नहीं। मानसिंह ने कहा – ' काकी, यह दूसरे का झगड़ा नहीं। यह अपना ही है। वीर दुर्गादास ने मुगलों से जो बैर बढ़ाया, वह हमारे ही कुल की लाज रखने के लिए। इसमें दुर्गादास का क्या स्वार्थ? दुखियों की सहायता करना राजपूतों का धार्म है। फिर दुर्गादास तो हमारे लिए कष्ट सहता है,यदि उसकी सहायता न की जाय तो काकी, क्या हमारी राजपूती में कलंक न लगेगा? यदि काका का जाना तुम्हें अच्छा न लगता हो, तो मैं चला जाऊंगा।

मानसिंह काकी से विदा हो, महासिंह के पास आया, और बोला काकाजी! अभी आपके घाव अच्छे नहीं हुए हैं; इसलिए आप अपने लश्कर का सरदार मुझे बनाकर दुर्गादास की सहायता के लिए जाने की आज्ञा दीजिए। मानसिंह अपने भतीजे के साहस पर बड़े प्रसन्न हुए और तीन सौ वीर राजपूतों को बुलाया। महासिंह ने उनके सामने खड़े होकर कहा – ', भाइयों, मैं किसी राजपूत को उसकी इच्छा बिना ही अपने स्त्री-पुत्र अथवा अपने प्राणों का मोह हो, तो अच्छा है कि वह अभी से अपने घर चला जाय। सबल शत्रु के सामने भागकर राजपूतों की हंसाई न करे। शूरवीरों ने कहा – ' महाराज! देश को स्वतन्त्रा किये बिना आगे बढ़ा हुआ पैर अब पीछे नहीं पड़ सकता। मरने पर स्वर्ग, और जीते रहने पर सुख और यश, सब प्रकार भलाई है। मानसिंह वीरों को उत्साहित देख बड़े प्रसन्न हुए। तुरंत तीन सौ की तीन टोलियां बनाईं। एक टोली रूपसिंह उदावत के साथ भेजी। और दूसरी टोली मोहकमसिंह मैड़तिया के साथ किसी दूसरे की मार्ग से भेजी। थोडे-थोड़े राजपूतों को पृथक्-पृथक् मार्गों से भेजने का कारण था।, कि इतने हथियारबंद राजपूतों को एक साथ जाते हुए, देखकर मुगलों को सन्देह अवश्य होगा। रोक-टोक में मारकाट तो राजपूतों के लिए अनहोनी बात थी ही नहीं,

उसका फल यह होता कि अपने काम में बाधा पड़ती। और दुर्गादास की सहायता करना तो दूर रहा, अपनी रक्षा कठिन होती। इन्हीं अड़चनों के बचाव के लिए दो टोलियां पहले भेज दी, और तीसरी टोली मानसिंह ने अपने साथ ले जाने के लिए रोक ली।

झुटपुटा ही चला था।मानसिंह तेजवा और लालवा से विदा होकर बाहर आये। चाहते थे, कि राजपूतों को चलने की आज्ञा दें, अचानक दक्षिण की ओर देखा, तो काले बादलों के समान हवा में उड़ते हुए मुगल सिपाही आ रहे थे। देखते ही मानसिंह खबर देने भीतर गया। इधर मुगलों ने गढ़ी घेर ली। राजपूत लड़ाई के लिए तो सजे खड़े ही थे, भिड़ गये और घमासान मारकाट होने लगी। मानसिंह ने कहा – ' बेटा मानसिंह! जैसे बने, वैसे लालवा को यहां से निकाल ले जाओ, हम केवल कुल में कलंक ही लगने को डरते हैं, मरने को नहीं। मानसिंह झपटकर लालवा के पास पहुंचा और समझा-बुझाकर उसे सुरंग वाली कोठरी में ले गया। लालवा बोली भाई! वृद्ध नाथू को किसी प्रकार बचाना चाहिए। मानसिंह ने लालवा से कहा – ' अच्छा बहन! तुम यहीं खड़ी रहो, मैं नाथू के लिए जाता हूं। यदि मेरे आने में देर हो, तो सीधी चली जाना, थोड़ी ही दूर पर तुमको महेन्द्र नाथ बाबा की मढ़ी मिलेगी। तुम वहां बाबा के पास ठहरना, मैं आ जाऊंगा। मानसिंह सुरंग का मुंह बन्द कर बाहर आया। देखा तो मुगल सिपाही गढ़ी के चारों ओर भर गये। चन्द्रसिंह, जो लालवा की सुन्दरता पर मोहित था।, पागलों के समान कोठरी-कोठरी में लालवा की ही खोज कर रहा था।मानसिंह एक झरोखे से छिपकर देख रहा था।, अचानक तीन सिपाही इधर ही पहुंचे गये। मानसिंह ने तुरन्त ही तीनों को यमपुर भेज दिया और वहां से हटकर दूसरी ओर चला। यहां भी एक मुगल सिपाही दीख पड़ा। मानसिंह उसे मारना ही चाहता था। कि किसी ने पीछे से कहा – ' हां, हां, यह खुदाबख्श है। हाथ रोक लिया। मुड़कर देखा, तो नाथू खड़ा था।तुरन्त ही तीनों मिलकर सुरंग में उतरे। लालवा अभी यहीं खड़ी थी। पुकारा भाई मानसिंह! क्या नाथू को ले आये? नाथू ने कहा – ' हां बेटी, मैं कुशल से हूं और खुदाबख्श को साथ ले आया हूं। लालवा ने चलते- चलते पूछा नाथू! हमारे माता-पिता की क्या दशा होगी? नाथू ने कहा – ' बेटी! मेरे ही सामने पकड़े गये थे। इसके बाद क्या हुआ मैं नहीं जानता, मुझे तो महाराज ने भाग जाने का संकेत किया। मैं उनका अभिप्राय समझकर भागा। बेटी! अपने लिये नहीं; किन्तु लोहे वाली सन्दक के लिए।

अध्याय 4

खुदाबख्श ने कहा– 'बेटी लालवा अपने माता-पिता की चिन्ता मत करो। मैं मुसलमान हूं; इसलिए अपने पकड़े जाने का भय तो था। ही नहीं, वहीं खड़ा रहा और सबकी सुनता रहा। थोड़ी ही देर में सारा भेद खुल गया। देशद्रोही चन्द्रसिंह ने मंगनी के लिए महाराज को एक पत्र लिखा था।कदाचित् यह बात तुझे न मालूम हो, महाराज उस दुष्ट स्वभाव से परिचित थे, इसलिये उसकी विनय पर जरा भी धयान न दिया। उसी बात पर चन्द्रसिंह ऐंठ गया और महाराज को नीचा दिखाने का उपाय सोचने लगा। दैवयोग से किसी प्रकार उसे नाथू का आना और वीर दुर्गादास की सहायता के लिए यहां से राजपूतों को भेजा जाना मालूम हो गया। तुरन्त मुगल सरदार इनायतखां के पास दौड़ा गया और महाराज को राजद्रोही बताकर माड़ों पर चढ़ाई कर दी। यह सब था। तेरे ही लिए; परन्तु ईश्वर की कृपा थी, कि तू उस देशद्रोही दुष्ट के हाथ न लगी,नहीं तो आज बड़ी खराबी होती। जब लाख ढूंढने पर भी चन्द्रसिंह ने तेरा पता न पाया, तब तेरे माता-पिता को पकड़कर सोजितगढ़ में रखने का विचार किया, ईश्वर ने चाहा तो दो ही तीन दिन में वे छूट जायेंगे।

सुरंग समाप्त हो गई, तो मानसिंह ने आगे बढ़कर सुरंग का मुंह खोला और एक-एक करके सबको बाहर निकाला। मढ़ी में मनुष्यों की आहट पाते ही बाबा महेन्द्रनाथ जी आ पहुंचे। सबों ने उठकर प्रणाम किया। बाबाजी ने आशीर्वाद दिया। मानसिंह ने पूछने के पहले ही मुगलों का धावा और भागने का कारण कह सुनाया। बाबाजी ने लालवा की ओर देखा और उसकी पीठ पर हाथ फेरकर बोले बेटी! अब किसी बात की चिन्ता न करो। यहां आनन्द से रहो, तुम्हारे लिए अभी एक दासी बुलाये देता हूं। बेटी, यहां किसी की सामर्थ्य नहीं, कि तुम्हें कष्ट पहुंचा सके। बाबाजी ने सबको ढाढ़स दिया और सोने के लिए स्थान बताकर दूसरी मढ़ी में चले गये। डर और चिन्ता में नींद कहां? जैसे-तैसे रात कटी, सबेरा हुआ, खुदाबख्श ने जाने की आज्ञा मांगी। बाबा महेन्द्रनाथ ने कहा – ' बेटा! ऐसे उतावले क्यों हो रहे हो? चले जाना। खुदाबख्श ने कहा – ' बाबाजी, मुसलमान हूं; इसलिए मुझे मुसलमानों को अत्याचार करते देख लाज लगती है। सच्चे मुसलमान का धार्म नहीं कि दूसरे की मां-बेटी का सतीत्व नष्ट करें; दुखियों को सतायें। बहादुर सिपाही कहलाकर अबलाओं पर हाथ उठायें। अब मुझे क्षमा कीजिए और आज्ञा दीजिए, जहां तक हो सके, इस देश से शीघ्र ही चला जाऊं। फिर वह मानसिंह से बड़े प्रेम के साथ गले मिला। दोनों ने परस्पर तलवारें बदली और खुदाबख्श बाबाजी को प्रणाम कर चल दिया। थोड़ी दूर चलकर पीछे मुड़ा और बोला भाई मानसिंह! हमारी तलवार से किसी प्राणों की भिक्षा मांगने वाले कायर को न मारना। मानसिंह की आंखों में आंसू आ गये। खड़े-खड़े एकटक इस सच्चे मुसलमान सिपाही की ओर देखते रहे, जब तक आंखों से ओझल न हो गया।

अभी बाबा महेन्द्रनाथ, नाथू, लालवा और मानसिंह बैठे खुदाबख्श ही की बातचीत कर रहे थे, कि देखा कुछ मुगल सिपाही एक राजपूत को बड़ी निर्दयता से मारते हुए लिए जा रहे हैं। बाबाजी से देखा न गया। स्वभाव दयावान् था।दौड़कर पूछा भाई, इस बेचारे को क्यों मार रहे हो?सिपाहियों ने कहा – ' बाबाजी! राजद्रोही महासिंह का पक्षपाती है, इसके पास महासिंह की अंगूठी भी है। बाबा महेन्द्रनाथ ने कहा – ' यह कोई प्रमाण नहीं। थोड़ी देर के लिए मान लो, इसने अंगूठी किसी से छीन ली हो अथवा महासिंह ने ही दे डाली हो, या चुरा लाया हो, तो इस पर महासिंह का पक्षपाती होने का दोष कैसे लग सकता है? तुम्हारे धार्म-ग्रन्थ कुरान में किसी निर्दोष को मारना महापाप लिखा है।

इसलिए इसे अभी छोड़ देंगे। बाबाजी की बातें सरदार को जंच गई, और राजपूत को छोड़ दिया।

बाबाजी राजपूत को अपनी मढ़ी में ले गये और पूछा बेटा, यह मानसिंह की अंगूठी कहां से ले आये और कहां लिये जा रहे थे? राजपूत ने कहा– 'स्वामीजी! आपने हमारे प्राण बचाये हैं इसलिए आप पर भरोसा करना तो उचित है ही; परन्तु आप ही प्राण क्यों न ले लें, उस समय तक कुछ न बताऊंगा जब तक मुझे यह विश्वास न हो जायेगा, कि आप हमारे हितू हैं। राजपूत की आवाज नाथू को कुछ पहचानी हुई जान पड़ी। बाहर आया, देखते ही राजपूत ने पहचान लिया और बोला नाथू! तू यहां क्या कर रहा है? महासिंह ने दुर्गादास की सहायत करने का कोई प्रबंधा किया या नहीं? नाथू अचम्भे में आकर बोला क्या सहायता नहीं पहुंची? कल ही दो सौ की दो टोलियां भेजी गई हैं। राजपूत ने कहा – ' नहीं नाथू! अभी कोई नहीं पहुंचा! मुसलमानों ने चारों ओर से घेर लिया है। अब कहीं भोजनों का भी ठिकाना नहीं। यदि दो दिन और यों ही बीते तो फिर मारवाड़ सर्वनाश हो जायगा। बाबा महेन्द्रनाथ ने गरज कर कहा – ' क्यों निराश होते हो? मारवाड़ स्वतंत्र होगा और वीर दुर्गादास का मनोरथ सफल होगा। पुरुष हो पुरुषार्थ करो, आज ही रात को अपने काका कल्याणसिह के पास जाओ और जो कुछ सहायता मिल सके, लेकर अरावली पहुंचो। तुम्हारी जय होगी।

बाबा महेन्द्रनाथ की आज्ञानुसार मानसिंह और करणसिंह बहन लालवा से विदा हो लगभग आधी रात को कल्याणसिंह के घर पहुंचे। देखा तो चौकीदार भी बेखबर सो रहे थे। जगाया, तो एक-एक करके सभी जग पड़े। ठाकुर घबरा उठे। पूछा बेटा मानसिंह! कुशल तो है, कैसे आये! मानसिंह! पैर छूकर बैठ गया और बोला काकाजी, क्या आपने माड़ों के समाचार नहीं सुने! दुष्ट चन्द्रसिंह अपने साथ सरदार इनायत खां को लाया और गढ़ी लुटवा ली, काका और काकी को पकड़ ले गया। यह सब कुछ बहन लालवा के लिए था।वीर दुर्गादास ने भी लालवा तथा। काका की रक्षा के लिए ही जोरावर खां को मारा था।, जिसका फल अब भोग रहा है। घर लुटा, गांव जला, मां जी की हत्या हुई, अरावली की पहाड़ी में जा छिपा वहां भी सुख नहीं। चारों ओर से मुगलों ने घेर रखा है; इसलिए काका जी, हम चाहते हैं कि ऐसे उपकारी पुरुष की आप ही कुछ सहायता करें। कल्याणसिंह ने कहा – ' बेटा, यह तो सच है; परन्तु हमारा छोटा-सा गांव है, कहीं औरंगजेब को मालूम हो गया तो सत्यानाश कर डालेगा, हम कहीं के न रहेंगे। डर तो यही है। मानसिंह ने कहा – ' काकाजी! राजपूत कभी इतना डरकर तो नहीं रहे, जितना आप डरते हैं। देश की स्वतन्त्राता पर मर मिटना राजपूतों का धार्म ही है और यदि आप हिचकते हैं तो आप स्वयं युद्ध के लिए न जाइए, थोड़े से वीर राजपूत जो आपकी आज्ञा में हों, सहायता के लिए भेज दीजिये। इसमें आप पर किसी प्रकार का दोष नहीं लगाया जा सकता है। मानसिंह के समझाने और हठ करने पर कल्याणसिंह ने साठ राजपूतों को दुर्गादास की सहायता के लिए जाने की आज्ञा दी। मानसिंह दूसरे दिन शाम को साठ राजपूतों को साथ लेकर अरावली की ओर चला।

कंटालिया के सरदार शमशेर खां के मारे जाने की खबर पाते ही औरंगजेब आपे में न रहा, तुरन्त आज्ञा दी दुर्गादास को जैसे हो सके, पकड़कर हमारे सामने लाया जाय, जीता हुआ या मरा हुआ, जैसा भी हो। दूसरे ही दिन मुगलों के चारों ओर से अरावली को घेर लिया। ऊपर चढ़कर राजपूतों का सामना करने का कोई साहस न करता था।, इसलिए भूखों ही मार डालने की सलाह हुई। पहाड़ी पर न किसी को न आने दें। और न जाने दें। यहां तक कि लोथ भी खोलकर देख लेते थे। बेचारे दुर्गादास और उसके साथी राजपूतों को कन्दमूल भी खाने के लिए मिलना कठिन हो गया। आज तीन उपवास हो चुके थे। दुर्गादास अपने साथी राजपूतों का कष्ट न देख सका। बोला भाइयो! आज नाथू को गये चार दिन हुए; परन्तु न आप ही आया और न सहायता के लिए कोई राजपूत ही भेजा। ठीक है, वह किसे भेजता, वह तो मानसिंह के पास भींख मांगने गया था।भाइयो! एक समय था।, जब राजपूतों की वीरता संसार में बखानी जाती थी और थोड़े ही दिन हुए महाराज जसवन्तसिंह के मरने के बाद बीस हजार मुगल सिपाहियों पर ढाई सौ राजपूत टूट पड़े थे। अब आज वही राजपूत मुट्ठी भर मुगलों से डरकर घर से नहीं निकलते। भाइयो! अच्छा होगा कि तुम भी अपने-अपने घर जाओं, मुझे और मेरे

अभागे देश को भगवान के भरोसे छोड़ दो। मेरे साथ क्यों भूखे मरोगे? मैं तो जो प्रण कर चुका, वह कर चुका। रहूंगा, तो स्वतन्त्रा होकर, नहीं तो भू-माता के लिए लड़कर सदैव के लिए माता की पवित्र गोद में सोया रहूंगा।

दुर्गादास को उदास देखकर, राजपूतों ने उत्तोजित होकर कहा – ' महाराज, जो आपका प्रण। जहां महाराज, वहीं हम। जब तक मारवाड़ स्वतन्त्रा न कर लेंगे, जीते जी घर न लौटेंगे।

भूखों मरते हुए राजपूतों का ऐसा साहस देख, वीर दुर्गादास की मुर्झाई हुई आशा-लता एक बार फिर हरी हो गई। मुख पर प्रसन्नता झलक उठी। बोला अच्छा, तो भूखों मरने से लड़कर ही मरना अच्छा। सहायता मिले या न मिले! चलो, इस पहाड़ी के नीचे उतरें।

यह रास्ता बड़ा बीहड़ा था।मनुष्य तो क्या, पशु भी जाते डरते थे, परन्तु मरता क्या न करता। वही कहा – 'वत थी। लोग नीचे उतरने लगे। इतने में दुर्गादास ने "राम नाम सत्य है, सुना, वहीं ठहर गये। देखा, तो सामने से चार आदमी एक अर्थी ला रहे हैं; उसके पीछे एक आदमी अधाजला कंडा और एक हांडी लटकाये है। पीछे-पीछे लगभग सौ आदमी और हैं, और सब-के-सब इधर ही आ रहे हैं। दुर्गादास को सन्देह हुआ कि श्मशान तो उधर है, यह सब हमारी ओर क्यों आ रहे हैं? जब उन आदमियों ने अर्थी वीर दुर्गादास के सामने उतारी और लगे खोलने तो दुर्गादास और भी चकराया। सोचने लगा है भगवान! यह बात क्या है? अर्थी खुलते ही एक वीर राजपूत उठकर दुर्गादास के पैरों पर गिर पड़ा। दुर्गादास ने आशीर्वाद देकर पूछा भाई, तुम कौन हो? यह सब मैं कौतुक देख रहा हूं या स्वप्न? रूपसिंह उदावत ने, जो पीछे रह गया था।, आगे बढ़कर राम-जुहार की और बोला महाराज! इस वीर राजपूत का नाम गंभीरसिंह है, आपके पास आने के लिए इधर-उधर विकल घूम रहा था।, दैवयोग से यह हमें मिला। हम लोग भी इसी की भांति व्याकुल थे। क्या करते? चारों ओर से मुगलों ने पहाड़ी को घेर रखी है। गंभीरसिंह ने यही उपाय सोचा और ऐसी सांस चढ़ाई कि तीन जगह खोलकर देखने पर भी मुगलों को सन्देह न हुआ। सच पूछिए तो आपकी सहायता पहुंचाने वाला महासिंह नहीं; किन्तु गंभीरसिंह ही है।

दुर्गादास ने गंभीरसिंह को छाती से लगा लिया और कहा – ' बेटा गंभीरसिंह! आज से हमें विश्वास हो गया कि मारवाड़ देश तेरा आजीवन ऋणी रहेगा। तेरी चतुराई, साहस और परिश्रम के बल पर ही मारवाड़ स्वतंत्र होगा, रूपसिंह उदावत ने कहा – ' महाराज! सूर्य अस्त हो चुका,मार्ग अटपट है, अंधोरा हो जाने से कष्ट की सम्भावना है इसलिए जहां तक हो सके, शीघ्र ही चलिए। राजपूत भी भूखे हैं और इस मार्ग की रोक पर मुगल भी इने गिने हैं। बस थोड़ा ही परिश्रम करने पर पौ बारह है। वीर दुर्गादास की आज्ञा पाते ही राजपूत पहाड़ी से उतरे और भूखे सिंह के समान मुगलों पर टूट पड़े। क्षण मात्र में ही वीर राजपूतों ने सैकड़ों मुगलों का सिर धड़ से अलग कर दिया। इतने मुगलों में कोई बेचारा घायल भी न बचा कि अपने सरदार को खबर देता।

वीर दुर्गादास अब निश्चिन्त था।, किसी प्रकार की बाधा दिखाई न देती थी। अरावली की पहाड़ियों को पार करके लोग एक मैदान में यह सलाह करने के लिए जमा हुए कि अब क्या करना चाहिए? कहां चलना चाहिए? एकाएक किसी कि आवाज ने सबको चौंका दिया...."अरे दुष्ट। मुझे क्यों मारता है? क्यों नष्ट करता है? मैंने तेरा क्या बिगाड़ा है? अरे, रक्षा करो, कोई बचाओ। पापी, अबला पर क्या बल दिखाता है?अच्छा, मुझे भी तलवार दे, वीर दुर्गादास उधर ही दौड़ा, जिधार से यह आवाज आ रही थी। पीछे-पीछे गंभीरसिंह और जसकरण भी थे। दुर्गादास ने यह देखा कि एक अबला पर एक पुरुष बलात्कार करना चाहता है; परन्तु अन्धाकार के कारण पहचान न सका। डपटकर पूछा तू कौन है? मैं क्या कर कहा – ' हूं, तुझसे प्रयोजन? दुर्गादास ने कहा – ' क्या सीधे न बतायेगा? इतना कहना था। कि तलवार खींच सामने आया और चाहता था।, कि दुर्गादास पर वार करे, इसके पहले ही गंभीरसिंह ने उसका सिर धड़ से अलग कर दिया। दुर्गादास ने स्त्राी से पूछा बेटी, तुम कौन हो और यह दुष्ट कौन था।? इसने तुमको कहां पाया? बेटी ने कहा – ' पिताजी, मैं माड़ों के राजा महासिंह की कन्या लालवा

हूं और यह पापी चन्द्रसिंह था।अपने किये का फल पा गया। दुर्गादास ने पीछे किसी की आहट पाई, मुड़कर देखा, जसकरण और गंभीरसिंह दौड़े जा रहे हैं। दुर्गादास हाथ में तलवार लिये लालवा की रक्षा के लिए वहीं खड़ा रहा। थोड़ी देर में गंभीरसिंह और जसकरण हाथों में बागडोर पकड़े पांच घोड़े ले आये और बोले महाराज! इस पापी के तीन साथी और थे। हमने उन्हें देख लिया और पीछा किया। घोड़ों पर चढ़कर भाग जायें परन्तु यह कैसे होता? उन्हें तो मौत खींच लाई थी। वे तो नरक गये और घोड़े आपके लिए छोड़ गये।

लालवा ने गंभीरसिंह को बोली से पहचाना और पुकारा भाई गंभीरसिंह! क्या आपत्ति में आप भी हमको नहीं पहचानते? गंभीरसिंह ने कहा– ' कौन लालवा! अरी, तू यहां पापियों में कैसे आ फंसी? लालवा ने कहा – ' माता तेजबा के कारण! भाई, तेजबा में क्षत्रणी की कुछ भी ऐंठ नहीं, वह सदैव राज-सुख की भूखी रहती है। कदाचित पापी चन्द्रसिंह ने किसी प्रकार लालच देकर तेजबा को फंसाया लालवा मेरी अंगूठी पाकर अवश्य ही अंगूठी देनेवाले के साथ चली जायेगी। गंभीरसिंह ने कहा – ' बहन लालवा! यह कैसे विश्वास किया जाय, कि तेजबा और काका महासिंह को पकड़ लिया, तो हो सकता है कि अंगूठी उतार ली हो। लालवा ने कहा – ' नहीं, मान लिया जाय कि चन्द्रसिंह ने अंगूठी छीन ली थी, तो हमारा पता कैसे पाता, कि मैं सुरंग से बाबा महेन्द्रनाथ की गढ़ी में पहुंची, और वहीं रही। भाई ऐसे तर्कों से मुझे विश्वास हो गया कि तेजबा के सिवाय दूसरे ने कपट नहीं किया। गंभीर बोला अच्छा लालवा, यह तो बता कि जब तू चन्द्रसिंह को पहचानती थी, और उसके स्वभाव से परिचित थी, तब उसके मायाजाल में क्यों फंसी! लालवा बोली भाई, तेजबा की अंगूठी ले जाने वाला कोई दूसरा ही राजपूत था।उसने जाकर कहा – ' कि तेजबा ने लालवा को बुलवाया है; क्योंकि महासिंह बहुत दुखी और यही चाहते हैं कि लालवा उनकी आंखों के सामने रहे। तो मैं मोह से अन्धी हो गई। विश्वास के लिए अंगूठी थी ही। बस बाबा महेन्द्रनाथ से विदा हो, इस पापी के साथ चल दी। इसके बाद इस विपत्ति में आ फंसी। ईश्वर ने पापियों की इच्छा पूरी होने के पहले ही रक्षा के लिए आपको भेज दिया।

वीर दुर्गादास ने उसे धौर्य दिलाते हुए कहा – ' बेटी! अब मैं तुझे ऐसे अच्छे और सुरक्षित स्थान में रखूंगा, जहां किसी प्रकार की शंका न होगी। लालवा ने कहा – ' नहीं, अब मैं कहीं भी अकेली नहीं रहना चाहती। यदि आप मेरी रक्षा करना चाहते हो तो अपने साथ रहने दें। मैं भी अब सिपाहियों के भेष में रहूंगी; यथा।शक्ति आपकी सहायता करूंगी। मुझे इससे अच्छा अब अपनी रक्षा का उपाय नहीं सूझता। दुर्गादास एक बालिका में इतना साहस देख बड़ा प्रसन्न हुआ और उसे अपने साथ रखना स्वीकार कर लिया! गंभीरसिंह ने चन्द्रसिंह के कपड़े उतार दिये और लालवा तुरन्त ही एक वीर राजपूत बन गई। हाथ में तलवार पकड़ी और घोड़े पर सवार हो दुर्गादास के पीछे-पीछे चल दी। थोड़ी दूर चलने पर किसी के आने की आहट मिली। गंभीरसिंह बड़ा साहसी था।तुरन्त ही आगे बढ़ा। देखा कि लगभग पचास-साठ मनुष्य इधर ही चले आ रहे हैं। अब चन्द्रमा का प्रकाश भी हो चला था।देखने से राजपूत ही जान पड़ते थे। पास आते ही गंभीसिंह ने पूछा कौन? किसी ने इसके उत्तार में कहा – ' तुम कौन? गंभीरसिंह इस आवाज को पहचानता था।, घोड़े से उतर पड़ा। बोला भाई मानसिंह! मैं हूं गंभीरसिंह और मानसिंह का हाथ पकड़े हुए उसे दुर्गादास के सामने ला खड़ा किया। दुर्गादास ने मानसिंह को बड़े प्रेम से गले लगाया। उसने लालवा की ओर देखा; परन्तु पहचान न सका। पूछा भाई जसकरण! यह राजपूत कौन है? जसकरण के कुछ कहने के पहले ही लालवा ने कहा – ' भाई मानसिंह, मैं हूं आपकी बहन लालवा। मानसिंह लालवा की ओर बड़े आश्चर्य से एकटक देखता रहा। फिर पूछा बहन लालवा, तू यहां कैसे आई? लालवा ने आदि से लेकर अन्त तक सारी बातें फिर दुहरा दी। मानसिंह ने कहा – ' जो ईश्वर करता है, अच्छा ही करता है। बहन, हमने तो तुम्हारी रक्षा का उचित प्रबन्धा किया था।, परन्तु भाग्य का लिखा कैसे मिट सकता है?

जब ये लोग लश्कर में पहुंचे तो देखा कि मोहकमसिंह मेड़तिया भी उपस्थित हैं। अब तो वीरों की संख्या बहुत हो गई। मालूम होता है,मारवाड़ के भाग्य उदय हुए। दुर्गादास आशा-लता को फूलते

देख बड़ा ही प्रसन्न हुआ। मोहकमसिंह से गले मिलकर बैठ गया और सलाह करने लगा। सोजितगढ़ पर चढ़ाई करने की राय ठहरी; क्योंकि महासिंह का छुड़ाना और सोजितगढ़ का अपनाना, एक पन्थ दो काज था।दुर्गादास ने वीर राजपूतों को उसी जंगल में विश्राम करने की आज्ञा दी, क्योंकि रात आंधी से अधिक बीत चुकी थी। सोजितगढ़ पहुंचने का समय न था।चढ़ाई करने की घात रात ही में थी। दिन में मुट्ठी भर राजपूत थे ही क्या, जो सोजितगढ़ में मुगल सिपाहियों का सामना करते; इसलिए रात वहीं काटी। दूसरे दिन जंगलों में छिपते-छिपते पहर रात बीते सोजितगढ़ की चौहद्दी पर पहुंचे और धावा करने के समय की प्रतीक्षा करने लगे।

गंभीरसिंह बड़ा जोशीला था।देश के लिए अपने प्राण हथेली पर लिये फिरता था।दुर्गादास से बिना पूछे-पाछे गढ़ी की टोह लेने चल दिया और बारह बजने के पहले ही लौट आया। गढ़ पर जय पाने के उपाय जो कुछ सोचे थे और जो कुछ देखा था।, दुर्गादास से कह सुनाया। सबने गंभीरसिंह की बुध्दि की बड़ी बढ़ाई की और उसे कहे अनुसार अपने राजपूत वीरों को फाटक के आस-पास लगा दिया। रूपसिंह,जसकरणसिंह, मानसिंह और तेजकरण ये चारों गंभीसिंह के साथ, गढ़ी की पिछली दीवार के ऊपर चढ़ गये।

गंभीरसिंह ने उन चारों को तो फाटक के ऊपर वाली छत पर छिपा दिया और आप दक्खिन की ओर चला गया। कमर से चकमक निकाल कर छप्पर में आग लगा दी। अब तो जिसे देखो, वही आग बुझाने दौड़ा चला जाता है। घात पाकर चारों राजपूत कूद पड़े और गढ़ी का फाटक खोल दिया। फिर क्या था।? दुर्गादास राजपूत वीरों को लेकर घुस पड़ा और लगी मारकाट होने। एकाएकी धावे ने मुगलों के पैर उखाड़ दिये। जलती आग में कौन प्राण्ा देता है। भाग खड़े हुए। बहुतों ने हथियार छोड़ वीर दुर्गादास की शरण ली। हथियार छोड़े हुए बैरी पर सच्चे राजपूत कभी वीर नहीं करते। अस्तु, मारकाट बन्द हो गई। मानसिंह ने इनायत खां का पता लगाया। मालूम हुआ, वह पहले ही प्राण ले भागा।

गंभीरसिंह ने बादशाही झंडा उखाड़ फेंका और अपना राजपूती पचरंगा झंडा गढ़ पर फहरा दिया। जसकरण, तेजकरण तथा। रूपसिंह को गढ़ की चौकसी सौंप दुर्गादास, मानसिंह और लालवा महाराज महासिंह के पास पहुंचे। देखा, महाराज एक पलंग पर पड़े-पड़े अपने दांतों से होंठ चबा रहे हैं, और न जाने मन-ही-मन क्या सोच रहे हैं। अभी घाव भी नहीं भरे थे, कराहते हुए जो करवट बदली तो सामने इन तीनों को देखा। बोले हाय! क्या तुम भी पकड़ आये? बेटा मानसिंह! बेचारी लालवा कहां होगी? पापी चन्द्रसिंह तो उसके पीछे ही पड़ा है। हमारा तो सर्वनाश ही हो गया। हाय! मृत्यु भी रूठ गई। मानसिंह ने कहा – ' काकाजी, पापी चन्द्रसिंह तो यमपुर पहुंच गया और लालवा यह खड़ी है। हम लोग बन्दी होकर नहीं आये हैं। वीर दुर्गादास ने माड़ों का नहीं सोजितगढ़ का भी राजा बना दिया। पापी इनायत खां कहीं भाग गया। अब गढ़ी पर राजपूती झंडा फहरा रहा है।

महासिंह को तो कदाचित ही कभी पहले ऐसे प्यारे शब्दों को सुनने का अवसर मिला हो, खुशी से फूला न समाया। हृदय धाड़कने लगा। तुरन्त पलंग से उठकर वीर दुर्गादास को गले लगा लिया। फिर मानसिंह और लालवा को प्यार से छाती से लगाया। तेजबा, जो इस समय दूसरे कमरे में थी, बाहर आदमियों की बोलचाल सुनकर अपने कमरे के द्वार पर आ खड़ी हुई और बातचीत सुनने लगी। लालवा का नाम सुनते ही चौंकी, छाती धाड़कने लगी, अपनी करतूत पर आप ही पछताने और लजाने लगी। मानसिंह ने लालवा की एक-एक बात मानसिंह से कह सुनाई। महासिंह थोड़ी देर चुप बैठा रहा। न जाने क्या-क्या सोच गया! फिर लालवा को तेजबा के पास भेज दिया। रात एक पहर से कम रह गई थी। वीर दुर्गादास ने सब थके हुए राजपूतों को विश्राम करने की आज्ञा दी। शेष रात आनन्द से कटी। सवेरा हुआ। सोजितगढ़ के आस-पास के गांवों के रहने वाले राजपूतों ने जब सोजितगढ़ पर राजपूती झंडा फहराते देख, तो बड़े आश्चर्य में आये और पता लगाने लगे। अब उन्हें अपनी विजय का विश्वास हुआ और झुण्ड-के-झुण्ड सोजितगढ़ आने लगे। जितने राजपूत सरदार दिल्ली की लड़ाई

से बच आये थे,धीरे-धीरे सभी अपनी-अपनी सेना लेकर वीर दुर्गादास की सहायता के लिए इकट्ठे हो गये। अब सोजितगढ़ में चारों ओर हथियारबन्द राजपूत सेना-ही-सेना दिखाई पड़ने लगी। जिसे देखिए वह मारू राग ही गाता था।और अकेले ही दिल्ली पर जय पाने का साहस दिखाता था।वीर दुर्गादास ने राजपूतों को ऐसा उत्साही देख ईश्वर को धान्यवाद दिया और जोधपुर पर चढ़ाई करना निश्चित किया। सब सरदारों ने हां-में-हां मिलाई। जब यह बात तेजबा को मालूम हुई तो झीखने लगी। मानसिंह को अपने पास बुलाकर कहा – ' बेटा! हमारा संदेश दुर्गादास को सुनाओ और कहो, यह कौन-सी चतुराई है कि जीतकर भी हार लेने चले हैं। इन लोगों को नाले से निकालकर अब समुद्र में डालना चाहते हैं? आप तो सोजितगढ़ छोड़कर जोधपुर युद्ध करने जाते हो, हमारी रक्षा कैसे होगी? यदि दुर्गादास ऐसा करना ही चाहते हैं, तो हमारे पीहर भेज दें और आप जो चाहें करें। मानसिंह ने कहा – ' काकी, यह कौन कहता है कि तुम्हें अकेले ही सोजतगढ़ में छोड़ दिया जायेगा? यहां गढ़ी की रक्षा के लिए एक हजार सेना रखी जायेगी और वीर रूपसिंह उदावत सेनानायक रहेंगे; क्योंकि अभी वे लड़ाई के योगय नहीं है, यद्यपि घाव सूख गये हैं।

मानसिंह ने बहुत कुछ समझाया, परन्तु तेजबा ने अपना हठ न छोड़ा। विवश होकर मानसिंह को वीर दुर्गादास से कहना ही पड़ा। दुर्गादास ने कहा – ' अच्छा ही है, चलो पहले, इसी काम से निपट लें। दूसरे दिन सूर्य उदय होते-होते दुर्गादास, महासिंह, जसकरण, तेजकरण, मानसिंह और गंभीरसिंह अपने-अपने घोड़ों पर सवार हो तेजबा के डोले के पीछे-पीछे चल पड़े। रूपसिंह ने थोड़ी-सी सेना भी साथ जाने के लिए सजाई थी; परन्तु दुर्गादास ने उसमें से केवल पचीस विश्वासी वीरों को अपने साथ लिया और सबको सोजितगढ़ में ही रहने की आज्ञा दी। कहा – 'र बड़े ही तेज थे, राह में केवल एक घने वृक्ष की छाया में थोड़ी देर विश्राम किया और जलपान कर थोड़ा दिन रहते-रहते तेजबा को उसके पीहर पहुंचा दिया। तेजबा का भाई पृथ्वीसिंह गढ़ी के फाटक पर ही मिला। महासिंह इत्यादि को देख घबरा उठा। पूछा जीजाजी कुशल से तो हैं?महासिंह ने पृथ्वीसिंह को सन्तोष देने के लिए संक्षेप में अपना प्राणारक्षक बताकर बड़ी प्रशंसा की। पृथ्वीसिंह ने बड़े प्रेम से वीर दुर्गादास को गले लगाया। और सबको आदर के साथ ले जाकर चौपाल में बिठाया। थोड़ी देर इधर-उधर की बातें होती रहीं। किसी ने गंभीरसिंह की चतुरता की बड़ाई की, तो किसी ने जसकरण की वीरता की।

पृथ्वी की परिक्रमा करते हुए जब पश्चिम में सूर्य भगवान् अस्त हुए तो पूर्व में चन्द्रमा उदित हुआ। चारों ओर रूपहली चादर बिछ गई। महासिंह और दुर्गादास एकान्त में बैठकर जोधपुर पर चढ़ाई करने के उपाय सोचने लगे। इतने में एक द्वारपाल ने आकर देसुरी से आये हुए धावन की सूचना दी। वीर दुर्गादास ने उसे अन्दर बुला लिया। देखा तो गुलाबसिंह था।दुर्गादास ने पूछा क्यों गुलाबसिंह, क्या समाचार लाये?गुलाबसिंह ने कहा – ' महाराज! आपके सोजितगढ़ फतह करने की खबर जब देसुरी में आई, तब ऐसा कोई राजपूत का घर न था।, जहां आनन्द-बधाई न बजी हो; परन्तु सरदार इनायत खां न जाने कैसे वहां पहुंच गया। यह उत्सव देखकर जल उठा। सब सिरमौर राजपूतों को अपने दरबार में बुला भेजा। किसी कारण आपके ससुर ठाकुर नाहरसिंह और हमारे पिता को देर हो गई। इनायत खां ने और सब दरबारियों को बहुत तरह की धामकी देकर विदा किया, परन्तु इन दोनों को थोड़ी देर ठहरने को कहा – '। दोनों ठहर गये सरल स्वभाव वीर पुरुष भला यह क्या जानते थे कि छली इनायत आपका बैर उन बेचारों से लेना चाहता है? जब इनायत खां ने देखा कि सब राजपूत चले गये, तो उन बेचारों पर बलवा का अपराधा लगाया और उनके सिर कटवा लिये। मैंने जब यह समाचार सुना तो तुरन्त सोजितगढ़ दौड़ गया। वहां मालूम हुआ,आप वालू में हैं! उलटे पैरों यहां भागता आया। ईश्वर की कृपा थी कि आपसे भेंट हो गई। अब आप जो उचित समझें करें।

देसुरी के समाचार सुनकर वीर दुर्गादास मारे क्रोध के कांपने लगे और बोले जसकरण! तुम अभी जाओ और सोजितगढ़ से अपना लश्कर लेकर बारह बजे के पहले देसुरी पहुंचो। मैं दुष्ट इनायत को आज ही यमपुरी भेजूंगा। गुलाबसिंह ने कहा – ' महाराज! ठाकुर रूपसिंह उदावत ने जिस समय देसुरी की खबर सुनी थी, उसी समय उन्होंने लगभग एक हजार वीरों को आपकी सहायता के

लिए वाली भेजा है। कदाचित वे सब आ भी गये हों। वीर दुर्गादास जैसे ही द्वार पर आये, राजपूतों के जय-जयकार के शब्द से आकाश गूंज उठा मरुदेश स्वतन्त्रा हो! वीर दुर्गादास की जय हो! वीर दुर्गादास सबों को यथोचित सम्मान दे, घोड़े पर सवार हो लश्कर के आगे-आगे चले। पीछे जसकरण, तेजकरण,मानसिंह तथा। गंभीरसिंह इत्यादि चले। जब गांव थोड़ी दूर रह गया तो दुर्गादास ने अपने वीरों को दबे पांव चलने की आज्ञा दी, जिसमें किसी को कानों-कान खबर न हो और पापी इनायत का घर घेर लिया। वीरों ने वैसा ही किया। दूसरों को तो क्या, अपनी चाप आप ही न सुन सकते थे। चारों ओर सन्नाटा छा गया। अब धीरे-धीरे लश्कर गांव में पहुंच गया। एकाएक दुर्गादास ने किसी के रोने की आवाज सुनी। मानसिंह को आगे बढ़ने की आज्ञा दे, आप उस ओर चला, जिधार रोने की आवाज आ रही थी। घर का द्वार खुला था।, भीतर चला गया। देखा तो सामने एक मुरदा पड़ा था। और सिरहाने एक बुढ़िया सिर पीट-पीटकर रो रही थी। दुर्गादास को देखते ही और फूट-फूटकर रोने लगी। दुर्गादास ने बुढ़िया से रोने का कारण पूछा। बुढ़िया ने कहा – ‘ बेटा, मैं तेरी स्त्राी की धाय हूं। छुटपन में मैंने जो दूध पिलाया है, आज उसके बदले में अपने स्वामी का बदला मुगलों से लेने तुमसे मांगती हूं। वीर दुर्गादास ने बुढ़िया के सामने मुगलों से बदला लेने का प्रण किया और वहीं चिता बनाकर मुरदे का अग्निसंस्कार कर दिया। तब एक जलता हुआ चैला चिता से निकाल, इनायत के घर की ओर चल दिया। रास्ते में गंभीरसिंह मिला। दुर्गादास के हाथ में एक परचा देकर बोला महाराज, यह किले की सामने वाली दीवार में चिपका हुआ था।मैं इसे आप ही को दिखाने के लिये उखाड़ लाया हूं। देखिए, इसकी एक तरफ उन राजपूतों के नाम हैं जो मारे जा चुके हैं और दूसरी तरफ उनके नाम हैं, जो पकड़े गये हैं और जिन्हें अब फांसी की आज्ञा होगी। महाराज, अब मुझसे रहा नहीं जाता। देखिए, इस सूची में हमारे वृद्ध पिता केसरीसिंह का भी नाम है। यद्यपि सभी राठौर हमारे लिए पिता के समान हैं और कारागार में दशा भी सबकी एक-सी है, तथा।पि मैं अपने पिता के दुख को औरों के देखते अधिक समझता हूं; क्योंकि मैं अपने पिता की इच्छा के विरुद्ध; देश सेवा के लिए एक वर्ष से अधिक हुआ,घर से निकला था। और अभी तक उनके पास नहीं गया। कुटुम्ब की देखभाल के लिए मैं या मेरे पिताजी ही थे, इसलिये पहले तो पिताजी को मेरी ही चिन्ता थी, अब अपनी और कुटुम्ब की भी हो गई। दुर्गादास ने कहा – ‘ बेटा! धौर्य धरो, जिस ईश्वर ने सोजितगढ़ सर कराया है, वही देसूरी पर भी विजय दिलायेगा। और तुम्हारे पिता को नहीं, किन्तु मारवाड़ देश को ही मुगलों से मुक्त करायेगा। चलो इनायत को आज ही उसके कर्मों का प्रतिफल दें।

यह कहकर दुर्गादास किले की पिछली दीवार के पास पहुंचा। मालूम हुआ कि राजपूतों ने फाटक तोड़ डाला और गढ़ी में घुस गये: गंभीरसिंह भी उसी तरफ लपका। शामत का मारा, इनायत फाटक पर ही मिल गया, चाहता तो था। कि कहीं प्राण लेकर भाग जाय; परन्तु होनी कहां टल सकती है? गंभीरसिंह के पहले ही वार से अधामरा हो गया, उस पर वीर दुर्गादास ने जलता हुआ चैला उसके मुंह में घुसेड़ दिया। इनायत के प्राण-पखेरू उड़ ही गये। अब था। कौन जो मुगल-सेना को उत्साह दिलाता? आधी मुगल-सेना को वीर राजपूतों ने तलवार के घाट उतार दिया। बचे-बचाये वीर दुर्गादास की शरण में आये। वीर राजपूतों ने सबको प्राणदान दे दिया। मानसिंह और गंभीरसिंह दौड़ते हुए कारागार की ओर गये। शमशेर खां ने जो वहां का मुखिया था।, इन दोनों को आते देख, बिना कहे ही द्वार खोल दिया। दोनों अन्दर चले गये। गंभीरसिंह ने अपने पिता को देखा। पैरों पर गिर पड़ा। केसरीसिंह ने साल-भर बिछड़े हुए बेटे को प्रेम से छाती से लगा लिया और आनन्द के आंसुओं से उसका मुंह धो दिया। दोनों ही का गला रुंधा गया था।किसी के मुंह से थोड़ी देर तक शब्द भी न निकला। एक दूसरे को एकटक देखते रहे। अन्त में केसरीसिंह ने अपने को बहुत कुछ संभाला, परन्तु फिर भी आंसू न थमे। रोते हुए बोले बेटा गंभीर! तुम्हारे छिपकर भाग जाने के बाद से आज तक मुझे केवल यही सन्देह था। कि न जाने तुम कुशल से हो या नहीं, इसलिये इतना दुख न था।, परन्तु आज तुम्हें अपनी आंखों से अपने ही समान दशा में देख दारुण दुख होता है। अपना कुछ बस नहीं। गंभीरसिंह मुस्कराकर बोला पिताजी! अब न तो मैं कारागार में हूं, और न आप! ईश्वर ने आपकी

प्रार्थना स्वीकार कर ली है। मारवाड़ को अब आप शीघ्र ही पहली दशा में देखिएगा। और दुर्गादास ने अपने बाहुबल से सोजितगढ़ जीतकर, आज देसुरी पर छापा मारा और इनायत को उसके पापों का पूरा-पूरा फल दिया। अब आज इस किले पर भी राजपूती झंड़ा फहरा रहा है। केसरीसिंह के लिए इससे अधिक आनन्द की और बात कौन होती? आनन्द से फूल उठा, रोमांच हो आया; गंभीर को फिर छाती से लगा लिया और उतावला होकर वीर दुर्गादास से मिलने के लिए चल दिया।

इधर मानसिंह ने और सब राजपूत बन्दियों को बड़े मान और आदर के साथ कारागार से बाहर निकाला। जय धवनि आकाश में गूंजने लगी। चारों तरफ से सब राजपूतों ने दुर्गादास को घेर लिया। दुर्गादास बड़ी नम्रता के साथ हर-एक का यथोचित सम्मान करता हुआ प्रेम से गले मिला। सूर्य भगवान् भी आनन्द लूटने के लिए उदयांचल से चल पड़े। सवेरा होते ही देसुरी के किले पर राजपूतों का झंडा उड़ते देख, छोटे,बड़े सब राजपूत गाते-बजाते खुशी मनाते हुए वीर दुर्गादास के लिए आ पहुंचे। इस समय राजपूतों में निराला जोश था।कायर भी तलवार खींचकर मारवाड़ को स्वतन्त्रा करने के लिए सौगंधा खाता था।आज देसुरी का ऐसा कोई भी राजपूत न होगा, जिससे दुर्गादास विनयपूर्वक न मिला हो। अब दिन लगभग एक पहर के ढल चुका था।, दुर्गादास सबसे मिल-भेंटकर अपनी ससुराल चला गया और यथा।योग्य अपने आत्मीयों से मिला, भोजन किया, और शाम होने के पहले ही किले पर लौट आया।

देसुरी के सरदार सुरतानसिंह, केसरीसिंह इत्यादि एकान्त में बैठकर विचार करने लगे कि मुगल बादशाह का किस प्रकार सामना किया जाय और मारवाड़ में शान्ति किस प्रकार स्थापित की जाय। उसी समय एक धावन वीर दुर्गादास के नाम पत्र लेकर पहुंचा। दुर्गादास ने पत्र लेकर गंभीरसिंह को बांचकर सुनाने के लिए दे दिया। गंभीरसिंह पढ़ने लगा 'दयालु दुर्गादास! आपके देसुरी चले जाने के बाद मुगलों ने घात पाकर वालीगढ़ पर धावा किया। यहां कोई बड़ी सेना तो थी ही नहीं और जो कुछ थी भी, वह सजग न थी। मामाजी अपने को मुगलों का सामना करने में असमर्थ समझ प्राण ले भागे। मुगलों ने गढ़ लूटी, और हम तीनों हतभागियों को पकड़कर जोधपुर लाये। यहां पर पिताजी पर राजद्रोह का अपराधा लगाया, और प्राणदण्ड की आज्ञा हुई। अब यदि दो दिन के अन्दर, हम लोगों का इस विपत्ति से छुटकारा न हुआ, तो मारवाड़ का स्वतन्त्रा होना न होना हमारे लिए समान है। इति।

आपकी कृपाभिलाषिणी,
लालवा।

पत्र सुनते ही वीर दुर्गादास के आग-सी लग गई। पास बैठे हुए सरदारों की भी त्योंरियां चढ़ीं और मानसिंह तथा। गंभीरसिंह का कहना ही क्या! नवीन रक्त थोड़ी-सी भी आंच से उबल पड़ता है। तमतमा उठे। देसुरी के सरदार ने लगभग अट्ठारह हजार राजपूत सेना इकट्ठी कर दी। तुरन्त ही वीर दुर्गादास ने एक हजार वालीगढ़ की रक्षा के लिए भेज दी। दो हजार सेना देसुरी में छोड़ी। पंद्रह हजार अपने साथ जोधपुर ले जाने के लिए तैयार कराई। हालांकि पंद्रह हजार तो क्या, पच्चीस हजार राजपूत सेना भी जोधपुर पर चढ़ाई करने के लिए, मुगलों के सामने मुट्ठी भर ही थी। परन्तु यहां तो सत्य का पक्ष था।! पुरुषार्थ पुरुष करता है, तो सहायता ईश्वर करता है यही भरोसा और विश्वास था।।

रात एक पहर व्यतीत हो चुकी थी। गंभीरसिंह वीर दुर्गादास के पास आया और बोला महाराज, सेना तैयार है, कूच की आज्ञा दीजिए। इतने में कहीं दूर से डंके की आवाज सुनायी दी। दुर्गादास चौकन्ना-सा गढी के बाहर आया। अब तो डंके की चोट के साथ-साथ जय धवनि भी सुनायी पड़ने लगी महाराज राजसिंह की जय! अजीतसिंह की जय! मारवाड़ की जय! वीर दुर्गादास का मनमयूर घंटाटोप सिसौदी सैन्य देखकर नाचने लगा। समझ गया कि उदयपुर के महाराज ने मेरे पत्र के उत्तार में यह सेना भेजी है। अगवानी के लिए आगे बढ़ा। राणा राजसिंह का ज्येष्ठ पुत्र जयसिंह वीर दुर्गादास को आते देखकर घोड़े से उतर पड़ा और प्रेम से गले मिला। कुशल प्रश्न के बाद दुर्गादास ने कहा – ' ठाकुर साहब! यदि थोड़ी देर आप और न आते, तो हमारा लश्कर जोधपुर के लिए कूच कर चुका

था।जयसिंह ने कहा – ' क्यों? हमारा तो मन था। कि पहले अजमेर पर छापा मारा जाय; परन्तु आपने क्या सोचकर मुट्ठी-भर राजपूतों के साथ जोधपुर पर धावा करने का विचार किया?दुर्गादास ने कहा – ' भाई जयसिंह! मैं जोधपुर जाने के लिए विवश था।ठाकुर महासिंहजी अपने कुटुम्ब सहित शत्रुओं के हाथ पकड़े गये। इस समय वे जोधपुर में हैं, और ठाकुर साहब को फांसी की आज्ञा हो चुकी है। अब आप ही बताइये ऐसे समय में हम लोगों का क्या धार्म हैं?महासिंह का हाल सुनते ही जयसिंह जोश में आ गया, बोला भाई दुर्गादास! अब हम लोगों को यहां एक क्षण भी विश्राम करना उचित नहीं। हम अपने साथ दस हजार सवार और पच्चीस सवार पैदल सेना लाये हैं, इसका शीघ्र ही प्रबन्धा करो। वीर दुर्गादास ने सब पचास हजार पैदल एकत्र सेना के पांच भाग कर डाले। तीन हजार सवार और सात हजार पैदल सेना का नायक मानसिंह को बनाया। इसी प्रकार अन्य चारों भागों को क्रमश: जसकरण, केसरीसिंह, जयसिंह और करणसिंह को सौंपा। आप सारी सेना का निरीक्षक बना और अपनी रक्षा के लिए तेजकरण और गंभीरसिंह को दाहिने-बायें रखा।

कूच का डंका बजा, जय-घोष से आकूश गूंज उठा। राजपूत वीर रणचण्डी की पूजा करने के लिए जोधपुर की ओर चल दिया; वीर दुर्गादास के समान सब राजपूतों ने अपने देश स्वतन्त्रा करने की सौगन्धा ली थी। सब ही देश पर मर मिटने के लिए तैयार थे। सेना में कोई ऐसा राजपूत न था।, जिसे स्वदेशाभिमान न हो। रात-भर चलने पर भी किसी को जोश के कारण थकावट न आई। भोजनों की किसी को इच्छा न थी, इच्छा थी कि घमासान युद्ध की। दुर्गादास ने सवेरा होते ही एक घने पहाड़ी प्रदेश में पड़ाव डाला। दो घड़ी दिन बाकी था।, कूच का डंका बजा और सेना चल दी। रात्रि के पिछले पहर जोधपुर की चौहद्दी पर जा पहुंचा। वीर दुर्गादास के आज्ञानुसार जयसिंह ने गढ़ का पूर्व द्वार और करणसिंह ने पश्चिमी द्वार घेर लिया जिसमें न तो किले से कोई सेना बाहर आ सके और न बाहर से भीतर ही जा सके। बस्ती की चौकसी के लिए केसरीसिंह अपनी दस हजार सेना लेकर डट गये। ऐसे व्यूह-रचना से दुर्गादास का केवल यही अभिप्राय था। कि मुगलों को किसी तरफ से किसी प्रकार की सहायता न मिल सके। शेष दो भाग सेना बाहर से आने वाली मुगल सेना की रोक के लिये और थकी हुई राजपूत सेना की कुमुक के लिए थी। राजपूत भी जोश में भरे थे रात का पिछला पहर भी छापा मारने के लिए अच्छा था।कोई मुगल सरदार शौच के लिए गया था।, तो कोई नमाज पढ़ रहा था।सारांश यह कि सब लोग गाफिल थे। जितना समय उनको सजग होने में लगा, उतना ही समय राजपूतों को किले का फाटक तोड़ने में लगा। दीवार टूटते ही राजपूत सेना भीतर घुसी और घमासान मार-काट होने लगी। किले पर मारू बाजा बजने लगा। रणचंडी थिरक-थिरकर भाव दिखाने लगी! "अल्लाह हो अकबर" की तरफ और "हर-हर महादेव" की दूसरी तरफ से आवाजें गूंजने लगी। जोशीले वीर राजपूतों की दुतरफा मार ने मुगलों के पैर उखाड़ दिये।

अध्याय 5

मुगल सरदार दिलावर खां ऊंचे स्वर से मुगल सिपाहियों को जोश दिलाने के लिए कहने लगा "नमकहरामी गुनाह है। गुलाम बनकर रहने से मौत बेहतर है। अहले इस्लाम! उन्हें कसम कुरान मजीद की है, जो जीते जी मैदान से भागे।" मुगलों में एक क्षण के लिए फिर जोश पैदा हो गया। लौटकर भूखे बाज की तरह राजपूत सेना पर टूट पड़े। वह समय पास ही था। कि राजपूत्र त्रहि-त्रहि करके भागे; परन्तु बनाई हुई सेना लेकर तुरन्त ही वीर दुर्गादास आ पहुंचा। दोनों ओर चम-चम बिजली-सी तलवारें चमक रही थी। बाण चल रहे थे। जीत के मारे राजपूत "हर-हर महादेव" करते हुए आगे बढ़ रहे थे। इतने में किसी अन्यायी मुगल ने वीर दुर्गादास पर पीछे से तलवार का वार किया। ईश्वर की कृपा थी कि गंभीरसिंह ने देख लिया, नहीं तो वीर दुर्गादास की जीवन-लीला यहीं समाप्त हो जाती। गंभीर ने उस दगाबाज को इतने जोर से धाक्का मारा कि वह अपने को किसी प्रकार संभाल न सका और धाड़ाम से पृथ्वी पर गिर पड़ा। गंभीर तुरन्त उसकी छाती पर बैठा। अपनी जान संकट में देख उसने दुर्गादास की दुहाई दी। वाह रे दया वीर! ऐसी नीचता का काम करनेवाले मुगल को भी तुरन्त प्राण-भिक्षा दे दी। जब मुगल सेना ने गंभीर को उस मुगल सरदार की छाती पर चढ़ते देखा तो "इनायता खां मारा गया" का शोर मच गया। मुगल सिपाही अपने ही घायलों को रौंदते हुए भागने लगी। वीर दुर्गादास चकराया हुआ खड़ा था। यह इनायत कौन? इनको मैंने तो देसुरीगढ़ के द्वार पर मारा था।तब भेद खुला कि इनायत खां एक सिपाही को जिसकी सूरत उसकी सूरत से मिलती थी, अपने कपड़े पहनाकर देसुरी से भाग गया था।यही नकली इनायत खां वहां मारा गया था।।

सहसा ऊपर से दिलावर खां ने ऊंचे स्वर से पुकारकर कहा – ' "दुर्गादास! अगर महासिंह की जान बचाना चाहते हो, तो अभी अपनी सेना किले से बाहर ले जाओ।" दुर्गादास ने ऊपर देखा तो दुष्ट दिलावर खां ने महासिंह के गले में फांसी की रस्सी डाल रखी थी। वीर दुर्गादास की आंखों में आंसू भर आये और तुरन्त ही राजपूत सेना को किले से बाहर निकल जाने की आज्ञा दी। महासिंह ऊपर से दुर्गादास को ललकार कर रहा वीर दुर्गादास! क्यों भूल रहे हो, क्या हमारे प्राण दूसरे राजपूतों के प्राणों से अधिक मूल्यवान है? क्या हमारे प्राण दूसरे राजपूतों के प्राणों से अधिक मूल्यवान है? क्या हमको अमर समझ रखा है? थोड़ी देर के लिए सब ही संसार में आये हैं, एक दिन मरना अवश्य है, इसलिये अपनी विजय को पराजय में न बदलो। महासिंह दुर्गादास को उत्तोजित कर रहा था। और दिलावर गले में पड़ी रस्सी में झटका देने को तैयार खड़ा था।गंभीरसिंह अपने क्रोध को अधिक समय तक दाब न सका; परन्तु इनायत खां को सामने खींच लाया और बोला अच्छा दिलावर खां! यही करना चाहते हो तो करो। हम भी जितने मुगल सरदार हमारे बन्दी हैं, सबको महासिंह के बदले में तुम्हारी ही आंखों के सामने ऐसी बुरी तरह मारेंगे कि पत्थर की आंखें भी रो देंगी। अब तो दिलावर खां के हाथ-पांव फूल गये। गंभीरसिंह को उत्तार न दे सका। वह जानता था।,इनायत खां का राज-दरबार में कितना मान है। यदि इनायत खां महासिंह के बदले में मारा गया, तो मेरी भी कुशल नहीं। तुरन्त महासिंह के गले से रस्सी निकाल फेंकी और बोला वीर दुर्गादास, मैं प्रतिज्ञा करता हूं कि महासिंह को अब किसी प्रकार का कष्ट न पहुंचाया जायेगा और यदि सांयकाल तक बादशाह का कोई आज्ञा पत्र न आया, तो किला आपके अधीन करके सन्धिा कर लूंगा। व्यर्थ के लिये मैं बहुमूल्य रत्नों को मिट्टी में नहीं मिलाना चाहता।

वीर दुर्गादास ने दिलावर खां की प्रार्थना स्वीकार कर ली। राजपूत सेना अपनी थकवाट मिटाने के लिए समीप ही के एक पहाड़ी प्रदेश में चली गई, और शोनिंगजी इत्यादि वृद्ध सरदारों ने घायल राजपूत वीरों को मरहम-पट्टी के लिए राजमहल में भेजा। यहां सब सामग्री इकट्ठी थी और किसी बात की कमी न थी; क्योंकि सरदार केसरीसिंह ने किले पर धावा होने के पहले ही राज भवन पर अपना कब्जा कर लिया था।बस्ती में किसी मुगल का पुतला भी न रह गया। विशिष्ट मुगल सरदारों को केसरीसिंह ने बन्दी बनाकर राज-भवन में कैद कर दिया। बेचारा इनायत खां भी वहीं पहुंच गया। इन सब आवश्यक कामों से छुट्टी पाकर शोनिंग जी वीर दुर्गादास, से मिले। सब सरदार एकत्र होकर दिलावर खां की कही हुई बातों पर विचार करने लगे। दुर्गादास ने कहा – ' भाइयो! इस कपटी को दिल्ली से किसी प्रकार की सहायता मिलने की पूर्ण आशा है, इसी कारण इसने सायंकाल तक युद्ध बन्द रखने की प्रार्थना की है, इसलिए मेरा विचार है कि मुगल सेना आने का सब मार्ग पहले ही से रोक दिये जायें और किले में पहुंचने के पहले ही यहीं निपट लिया जाय। मैदान की लड़ाई में सब प्रकार की सुविधा है। वीर दुर्गादास की सलाह सबने पसन्द की और मार्ग के दोनों ओर थोड़ी-थोड़ी राजपूत-सेना पहाड़ी खोहों में छिपा दी गई।

दिन लगभग दो पहर बाकी थी। एक भेदिये ने मुगल सेना के आने के समाचार कहे। दुर्गादास ने प्रसन्न होकर राजपूत वीरों को सजग कर दिया। थोड़ी ही देर में सामने बादशाही झंडा फहराते हुए मुगल सरदार मुहम्मद खां के साथ एक भारी मुसलमानी दल आता दिखाई पड़ा। ज्योंही यह सेना पहाड़ी दर्रे से आई, दुर्गादास ने डंके पर चोट मारी, इधर वीर राजपूत जय-घोष करते हुए अपने शत्रुओं पर टूट पड़े। उधर साहसी वीर गंभीरसिंह और तेजकरण दोनों ने झपटकर बादशाही झंडा नीचे गिराया। एक ने मुहम्मद खां को पकड़ा और दूसरे ने राजपूती झण्डा खड़ा किया।

सरदार पकड़ा गया, तो बादशाही सेना निराश होकर भागने लगी; परन्तु राजपूत वीरों ने वीर दुर्गादास के आज्ञानुसार मुगल सेना को पीछे भागने से रोका; क्योंकि भेदिये ने सत्तार हजार सेना के तीन भागों में आने के समाचार दिये थे। यदि पराजित मुगल सेना पीछे जाती, तो सम्भव था। कि दूसरी आने वाली मुगल सेना सजग रहती, फिर तो वीर दुर्गादास को थोड़े से राजपूत वीरों को लेकर इतनी बड़ी मुगल सेना पर विजय पाना कठिन हो जाता। और हुआ भी ऐसा ही। जब तक पराजित मुगल सेना के हथियार छुड़ाये जायें, और आगे वाले दररे् तक राजपूत सेना भेजी जाय, कि दूसरा मुसलमानी दल आ गया। इसका सरदार तहब्बर खां बड़ा बहादुर था।अपनी सेना को उत्साहित करता हुआ बड़ी वीरता से लड़ने लगा। उस समय का दृश्य भयानक था।वीर दुर्गादास रक्त से नहाया हुआ था।जसकरण, तेजकरण तथा। गंभीरसिंह का भी ऐसा कोई अंग न था।, जहां गहरा घाव न लगा हो। एक ओर तहब्बर खां, दूसरी ओर वीर दुर्गादास अपने वीरों को उत्तोजित कर रहे थे। एक कुरान मजीद की सौगन्धा देता था।, तो दूसरा बहन-बेटियों की लाज के लिए मर मिटने को कहता था।सारांश यह कि दोनों दल बड़ी वीरता के साथ भीषण युद्ध कर रहे थे। दुर्गादास को घिरा देख, मानसिंह आगे बढ़ा और तहब्बर खां पर अपनी पूरी शक्ति से भाले का प्रहार किया। बेचारा घायल होकर जमीन पर गिरा। साथ ही जसकरण ने दिलावर खां का सर काट लिया। बादशाही झंडा नीचा हुआ। मुगल सेना परास्त हुई और भाग निकली। राजपूतों की जय-धवनि चारों ओर गूंजने लगी। राजपूत इतने प्रसन्नचित्ता थे, जैसे कभी किसी को कुछ परिश्रम ही न करना पड़ा हो। आश्चर्य तो यह था। कि मरण-प्राय घायल भी, उठकर जय-जय वीर दुर्गादास की जय! कहकर नाचने लगे।

वीर दुर्गादास ने तहब्बर खां से पूछा खां साहब! आपके बादशाह सलामत ने इतनी ही सेना भेजी थी, या और भी? तहब्बर खां ने कहा – 'महाराज! अभी सरदार अकबर शाह के साथ लगभग बीस हजार मुगल सेना और आती होगी। वीर दुर्गादास ने उस समय दोनों बादशाही झंडे,और तीनों सरदार इनायत खां, मुहम्मद खां और तहब्बर खां को थोड़ी सेना के साथ आगे भेजा। जब अकबर शाह की सेना समीप आई,मानसिंह ने अकबर शाह से मिलकर वीर दुर्गादास का सन्देश कहा – ' और दोनों बादशाही झण्डे दिखाये। अकबर शाह बड़ा ही शान्त था।दोनों बादशाही झण्डों और सरदारों को

राजपूतों को बन्दी देख अपना झण्डा भी मानसिंह को सौंप दिया और सन्धि का झण्डा ऊंचा करके वीर दुर्गादास की शरण आया। तब अपनी तलवार दुर्गादास के सामने रख दी। वीर दुर्गादास ने फिर तलवार उठाकर प्रेम से अकबर शाह को दे दी। विजय के बाजे बजने लगे।

दुर्गादास ने दिलवार खां के प्रतिज्ञानुसार किले को अपने अधीन करने और महाराज महासिंह को छुड़ाने के लिए, मानसिंह और गंभीरसिंह को भेजा। इन दोनों को आते देख किले के रक्षकों ने आगे बढकर कुद्विजयां सौंप दी, परन्तु इन दोनों में कोई भी इस किले में पहले कभी न आया था।, इसलिए एक रक्षक की सहायता से महासिंह के पास पहुंचे। जिस प्रकार किसी डूबने वाले को आधार मिल जाय, और वह दौड़कर उसे पकड़ ले, वैसे ही महाराज ने अपने भतीजे और भानजे को हाथों से पकडकर छाती से लगा लिया। प्रेम के आंसू आंखों में आ गये। गला भर आया। बड़ी कठिनता से बोले बेटा! हमारा प्राण-रक्षक वीर दुर्गादास कुशल से तो है? गंभीरसिंह अपने सरदारों की कुशल के साथ-साथ देसुरी और जोधपुर की विजय-कहा – 'नी कहने लगे। मानसिंह अपनी बहन लालवा के कमरे में पहुंचा। देखा एक दीपक जल रहा है, और सामने लालवा घुटना टेके पृथ्वी पर बैठी हुई जगत्पिता परमेश्वर से प्रार्थना कर रही है! वह इतनी निमग्न थी कि मानसिंह को अपने कमरे में आते न जाना। मानसिंह थोड़ी देर तक खड़ा रहा, परन्तु लालवा का धयान न टूटा। अन्त में मानसिंह ने पुकारा बहन! आज ईश्वर की कृपा से विजयी वीर दुर्गादास ने मुगलों को पराजित कर जोधपुर की राजश्री अपना ली! आज से अपना प्यारा देश स्वतन्त्रा हुआ! इसको लालवा ने आकाशवाणी समझा; परन्तु जब यह सुना कि मुझको वीर दुर्गादास ने बन्धान मोक्ष के लिए भेजा है, तब आंखें खोल दी और प्यारे भाई मानसिंह को सामने खड़ा देखा। उन्मत्तों के समान उठ पड़ी, और बोली प्यारे भाई, हमारी लाज बचाने वाला कुशल तो है? संग्राम में कोई गहरा घाव तो नहीं लगा? हमारे प्यारे पिताजी तथा। माता तेजबा तो प्रसन्न हैं? लालवा का यह अन्तिम प्रश्न पूरा भी न हुआ था। कि तेजबा को साथ लिए हुए महाराज महासिंह आ पहुंचे। लालवा को प्यार से छाती लगाकर कारागार के बीते दुखों को भूल गये। महासिंह, गंभीरसिंह के साथ वीर दुर्गादास से मिलने चले; और मानसिंह तेजबा और लालवा को लेकर राज-भवन चला गया।

मानसिंह और गंभीरसिंह को किले पर भेजने के पश्चात, वीर दुर्गादास ने चारों मुगल सरदारों को केसरीसिंह के साथ किया और राजमहल के पास वाले कारागार में कैद कर दिया। जोधपुर की रक्षा के लिए भी उचित प्रबन्धा किया। चारों तरफ विश्वासी रक्षकों तथा। गुप्तचरों को नियुक्त किया। सब जरूरी कामों से निपटने के बाद एक छोटी-सी सभा की। राजपूत सरदारों की अनुमति पाकर आस-पास के गांवों में रहने वाले मुगलों को युद्धनीति के अनुसार पकड़कर कैद कर लिया; पर उनके साथ शत्रु का-सा नहीं, मित्र का-सा व्यवहार किया जाता था।! वीर दुर्गादास की मन्शा मुगलों को कष्ट पहुंचाने की न थी। केवल शत्रुओं पर राजपूत कैदियों को छोड़ देने के लिए दबाव डालना था।।

दुर्गादास सदैव अपने देश और जाति की भलाई के लिए कमर कसे तैयार ही रहता था।कोई काम कैसा भी कष्ट साधय क्यों न हो, कभी न हिचकता था।आज उसी साहस और देशभक्ति की बदौलत उसने अमर-कीर्ति प्राप्त की है। मारवाड़ के बच्चे भी वीर दुर्गादास के नाम पर गर्व करते हैं।

जब जोधपुर की जीत का समाचार फैला, तो शत्रु भी मित्र बनकर बधाई देने के लिए इकट्ठा होने लगे और इतनी भीड़ हुई कि जोधपुर में एकत्र जनता समा न सकी; विवश होकर वीर दुर्गादास को जोधपुर के बाहर एक भारी मैदान में सभा करनी पड़ी। पौष की पूर्णिमा के दिन राजप्रसाद से लेकर सभा-मण्डप तक एक तिल रखने की भी जगह न थी। कभी कोई राज-भवन से सभा की ओर जाता था।, तो कोई सभा से राज भवन की ओर लौट आता था।उस समय चलती-फिरती जनता का दृश्य बड़ा ही अपूर्व था।मालूम होता था। कि समुद्र उमड़ पड़ा है। ऐसा कोई न था। जिसको वीर दुर्गादास के दर्शनों की लालसा न हो। स्त्रिायां झरोखों से झांक रही थी। जयधवनि आकाश में गूंज रही थी। और चारों ओर से फूलों की वर्षा हो रही थी। अच्छा हुआ कि वीर दुर्गादास राज-भवन से पैदल ही चला

नहीं तो फूलों से दब जाता और बेचारे दर्शकों की लालसा धूल में मिल जाती; क्योंकि इसमें अधिकांश ऐसे भी थे जो दुर्गादास को पहचानते न थे। वे अपने पास खड़े हुए मनुष्यों से पूछते थे भाई! इनमें वीर दुर्गादास कौन हैं? कोई अपने मित्र की उंगली उठाकर बता रहा था।कोई एक दूसरे से कह रहा था। भाई, मारवाड़ का विजेता,हमारी बहन-बेटियों की लाज की रक्षा करने वाला वीर दुर्गादास इस प्रकार सबको नमस्कार करता हुआ पैदल ही जा रहा है। धान्य है! देखो! इतना बड़ा काम करने पर भी घमण्ड का नाम नहीं, देवता है। मनुष्य नहीं, देवता है। मनुष्य में यह गुण कहां?

जनता धीरे-धीरे दुर्गादास के साथ सभा मण्डल में पहुंची यहां मारवाड़ देश की सभी छोटी-बड़ी रियासतों के सरदार बैठे हुए वीर दुर्गादास के आने की प्रतीक्षा कर रहे थे। देखते ही उठ खड़े हुए और बड़े आदर भाव से वीर दुर्गादास को एक ऊंचे आसन पर ला बिठाया विविधा प्रकार के सुगन्धित फूलों के गजरे उनके गले में डाले, केसरिया चन्दन का लेप किया। उदयपुर के राणा राजसिंह के पुत्र भीमसिंह ने राजसी पोशाक भेंट की, जो राजा साहब ने दुर्गादास के लिए भेजी थी। दुर्गादास ने राणा साहब का उपहार बड़े सम्मान के साथ लिया, उसे माथे पर चढ़ाकर गद्दी पर रख दिया और जनता के सामने हाथ जोड़कर कहने लगा राजगुरु और प्यारे भाइयो! आज आप लोगों ने हमारा जो कुछ सम्मान किया है,मैं उसके लिए आपका आजीवन आभारी रहूंगा। यद्यपि जो काम मैंने किया है, वह हर एक देशाभिमानी कर सकता था। और मुगलों के अत्याचार से विवश होकर करता भी; परन्तु ईश्वर यह कीर्ति मुझको देना चाहता था।; इसलिए प्रसंग भी वैसा ही आ बना। हमारे पूज्य, वृद्ध सरदार महासिंहजी को मुगलों ने कंटालिया में घेर कर मारना चाहा था।, इनकी रक्षा करने में मेरे हाथों सरदार जोरावर खां का खून हुआ! मुगलों ने उसी खून के बदले में मेरी वृद्ध मां जी की हत्या की, घर-बार लूटा और कल्याणगढ़ फूंक दिया। यद्यपि मैं मुगलों से इसका बदला लेने में असमर्थ था।; परन्तु परमात्मा की कृपा और अपने देश-भाइयो की सहायता से आज इस योग्य हुआ कि जोधपुर में मुगलों को परास्त कर एक महती सभा कर सका। प्यारे भाइयो! इतनी आजादी होते हुए भी, मुझे एक बार और भीषण युद्ध होने की शंका है। क्या मुगल बादशाह आलमगीर अपना अपमान सह सकता है? नहीं, कदापि नहीं। वह एक बार दुनिया के कोने-कोने से अपनी सेना बटोर कर मारवाड़ पर धावा अवश्य करेगा, इसलिए मैं अपने देशवासियों से एक बार और सहायता करने की प्रार्थना करता हूं। यदि आप लोग अपने पूज्य गुरु ब्राह्मणों के यज्ञोपवीत की, अपने मन्दिरों की मूर्तियों की रक्षा चाहते हों, तो हमारा साथ दो, मारो और मर मिटो, "आजादी या मौत" का प्रण करो। बीज जब तक मिट्टी में नहीं मिलता कभी हरा-भरा होकर फल नहीं लाता। भाइयो! मुझे पहले बड़ी संख्या में सहायता क्यों नहीं मिली! इसका कारण था।, यह था। कि हमारे राजपूत भाई यह समझते थे, कि राजवंश का तो नाश हो गया अब महाराज जसवन्तसिंह की गद्दी का उत्ताराधिकारी कोई रहा नहीं, हम किसके लिए इतने बड़े मुगल बादशाह से बैर करें और अपना सत्यानाश करायें। वे समझते थे दुर्गादास ने मुगलों से जो बैर ठाना है, वह राज्य के लालच से। भाइयो! मैं सर्वान्तर्यामी ईश्वर को साक्षी करके कहता हूं कि न मुझमें राज्य का लोभ था।,न है और न कभी होगा। मेरे बहुत से भाइयों को अभी यह नहीं मालूम कि महाराज जसवन्तसिंह का चिरंजीवी पुत्र अजीतसिंह अभी जीवित है उसका पालन-पोषण गुप्त रीति से हो रहा है। समय आने पर आप लोग राजकुमार का दर्शन करेंगे।

वीर दुर्गादास इतना कहकर बैठ गया। जय-धवनि और फूलों की वर्षा हुई। इसके पश्चात महाराज महासिंह जी उठे और जनता को नमस्कार कर बोले भाइयो! वीर दुर्गांदास ने मुगलों से बैर बसाने का जो कारण बताया, वह अक्षरश: सत्य है। दुर्गादास ने मारवाड़ देश अपने लिए नहीं जीता, परन्तु अपने पिता तुल्य राजा जसवन्तसिंह जी का आज्ञा पालन किया। महाराज अपने सरदारों को अपने मरने के दस दिन पहले आज्ञा दे गये थे, कि यदि हाड़ी वा भाटी रानी से ईश्वर की इच्छा से हमारी गद्दी का वारिस जन्मे, तो सब सरदार कार् कत्ताव्य होगा कि मारवाड़ देश को मुगलों से छुड़ाकर राजकुमार को गद्दी पर बिठावें। आज वीर दुर्गादास ने अपनेर् कत्ताव्य का पालन कर दिखाया। अब हम लोगों के लिए उचित है कि जी तोड़कर वीर दुर्गादास की सहायता करें जिसमें वह समय शीघ्र ही आ जाय,

कि सब राजपूत अपने राजकुमार को जोधपुर की गद्दी पर बैठे देखें!

जनता एक ही आवाज में बोल उठी हम लोग अपने राजकुमार के लिए तथा। मारवाड़ देश के लिए मर मिटने को तैयार हैं।

महासिंह जी जनता का जोश देखकर अपने राजगुरु जयदेव की ओर देखा। गुरुजी ने वीरों को माघ सुदी पंचमी के दिन युद्ध पर जाने की अनुमति दी। सब सरदारों ने अपनी-अपनी सेना सहित मुहूर्त के एक दिन पहले ही आने की प्रतीज्ञा की। सभा विसर्जित हुई। एकत्र जनता तथा। राजपूत सरदारों ने एक दूसरे से विदा ली और वीर दुर्गादास की बड़ाई करते हुए अपने-अपने घर गये।

बेचारे दुर्गादास का घर तो कहीं रहा ही न था।, इसलिए महासिंह आदि सरदारों को साथ लेकर राजभवन में लौट आया, और घायल राजपूतों तथा। मुगल बन्दियों की देख-रेख में अपने दिन बिताने लगा। वह अपने अधीन कैदियों को कभी दुःख न देता; वरन् मित्र समान व्यवहार करता था।मुहम्मद खां को तो बहुत मानता था।शत्रु हो अथवा मित्र, किसी की नेकी कभी भूलता न था।क्षमा करने में तो एक ही था।इनायत खां ने दुर्गादास के लिये क्या न उठा रखा था।; परन्तु उसे भी क्षमादान दिया। कभी उन सबको बुलाता और कभी आप ही उनके पास जाता। रात-रात भर उनसे बातें करता रहता। उसके हृदय में मालिन्य का लेश भी न था।।

धीरे-धीरे एक महीना बीता, और चारों ओर से बादलों के समान राजपूत सेनाएं उमड़-घुमड़कर चलने लगीं। जोधपुर में राजपूत वीरों का एक अच्छा जमाव हो गया। बीकानेर और जैसलमेर के सरदारों ने आकर उदयपुर में पड़ाव डाला और जयसिंह के साथ देसुरी आ पहुंचे। माघ सुदी पंचमी के दिन वीर दुर्गादास जोधपुर की एकत्र सेना लेकर ठाकुर जयसिंह से देसुरी में आ मिला। वह चारों मुगल सरदारों को उनकी मुसलमानी सेना सहित अपने साथ लाया था।, क्योंकि बादशाह से बन्दियों की अदला-बदली करनी थी। ये लोग राजपूतों से कुछ ऐसे मिल-जुल गये थे कि कोई देखने वाला इन्हें कदापि कैदी नहीं कह सकता था।परस्पर भाई-चारे का-सा व्यवहार था।एक दूसरे से बड़े प्रेम से मिलता था।, और विश्वास करता था।यह था। संगति का फल, और वीर दुर्गादास का बर्ताव, कि शत्रु भी मित्र बन गये। और समय-समय पर हितकर सलाह भी देने लगे,जिसे दुर्गादास सहर्ष मानता था।आज ही जब देसुरी से सेना के आगे चलने के विषय में सलाह हो रही थी तो मुहम्मद खां ने इसका विरोधा किया। और बात ठीक थी; क्योंकि झुपपुटा हो चुका था।आगे यदि पड़ाव के लिए उचित समय न मिलता, तो बड़ी असुविधा होती। सेना के लिए भोजन और विश्राम जरूरी है। यह सोचकर पड़ाव देसुरी के ही मैदान में रहा। रात हुई। सबने भोजन किया और विश्राम करने लगे। दुर्गादास जरूरी कामों से निपटकर अकबर शाह के डेरे में गया और बैठकर बातचीत करने लगा। बातों में औरंगजेब का प्रसंग छिड़ गया। दुर्गादास ने कहा – ' भाई! आप मानें, या न मानें क्योंकि वह आपके पिता हैं, परन्तु मैं तो यही कहूंगा कि औरंगजेब किसी पर विश्वास नहीं करते! देखो उन्होंने राजा जसवन्तसिंह के साथ कैसा कपट व्यवहार किया! उन्हीं के इशारे से काबुल में बलवा हुआ, जिसमें जहरीले कपड़े पहनाकर जान ली। तब धोखे से मारवाड़ को अपने अधीन कर लिया। फिर भी सन्तोष न हुआ। यहां तक कि महाराज का वंश ही नष्ट करने पर उतारू हो गये! दिल्ली में ही, अजीतसिंह के मरवाने के लिए क्या नहीं किया? देखो भाई अकबरशाह! भला कोई अपने मित्र के साथ ऐसा विश्वासघात करता है? अच्छा, मान लो, हम लोग परधार्मी थे; हमारे साथ जो कुछ किया, अच्छा किया; परन्तु क्या तुम्हारे बाबा शाहजहां भी काफिर थे? जिन्हें कारागार में पानी का भी कष्ट दिया। अपने सगे भाइयों तथा। भतीजों से जैसा बर्ताव किया, क्या वह आपसे छिपा है? खैर यह भी सही, वह दूर के थे; परन्तु आप तो उनके बेटे हैं, वे आप ही पर विश्वास नहीं करते। अगर विश्वास करते तो तैवर खां को आपकी देख-रेख के लिए तैनात न करते! अगर आपको यकीन न आये तो तैवर खां के पूछ देखें।

अकबरशाह को विश्वास न आया; परन्तु यह बात उसके मन में खटकती रही। आखिर तैवर खां को बुलाने के लिए तुरन्त ही एक चौकीदार भेजा। थोड़ी देर में तैवर खां और जयसिंह शाहजादे

के डेरे में आ पहुंचे। वीर दुर्गादास ने बड़े सम्मान से दोनों को आसन दिया। जब दोनों बैठ गये, तो अकबर शाह ने पूछा भाई तैवर खां, मुझे विश्वास है कि तुम कभी झूठ नहीं बोलते; तथा।पि आज ठाकुर जयसिंह और दुर्गादास के सामने तुम्हें कुरान की सौगन्धा देता हूं, कि जो कुछ भी पूछा जाय, उसका उत्तार सत्य ही हो। तैवर खां ने कहा – ' पूछिए, आप लोग क्या पूछना चाहते हैं? शाहजादे ने पूछा बादशाह सलामत ने मेरे बारे में कुछ कहा – ' था।?

तैवर खां उत्तार देने के पहले कुछ हिचकिचाया, फिर जी कड़ा करके बोला हां, कहा – ' तो कुछ न था।; परन्तु मैं आपके सामने कहते डरता हूं।

दुर्गादास ने कहा – ' भाई, डर किस बात का? जब कुरान की सौगन्धा दी गई, तोऐसा कौन मूर्ख है, जो तुम्हारे सच बोलने पर क्रोध करे?जो कुछ कहना हो, निडर होकर कहो।

तैवर खां ने कहा – ' जब दिल्ली से हम अपना लश्कर लेकर चलने लगे तब बादशाह ने हमें एकान्त में बुलाया और कहा – ' देखो तैवर खां! हम दुनिया में तुमसे ज्यादा किसी को प्यार नहीं करते। हम जानते हैं कि तुम मुहम्मद खां की तरह कभी धोखा न दोगे, क्यों? तुमको बादशाही का लालच नहीं। जिसको किसी चीज का लोभ होता है, वही दगा करते हैं। हमको अगर कुछ सन्देह है, तो अकबर शाह पर क्योंकि उसको राज्य का लालच है। सम्भव है कि वह कपटी दुर्गादास की बातों में आ जाय और हमारे साथ वही बर्ताव करे, जो हमने अपने बाप के साथ किया था।, इसलिए तुम्हें होशियार किये देता हूं, कि उसकी नीयत अगर बुरी देखना तो उसी समय तलवार के घाट उतार देना। मैं तुमको सब तरह के अधिकार देता हूं।

इतना कहकर तैवर खां चुप हो गया।

अकबर शाह चिन्तित होकर बोला भाई दुर्गादास! आपका कहना सत्य है। अब्बाजान कहते कुछ हैं, करते कुछ हैं, उनकी मसलहत समझ में नहीं आती।

जयसिंह ने कहा – ' अब आप ही कहिए। ऐसे राजा का कौन साथ देना चाहेगा? इससे यह न समझना कि मुसलमान होने के कारण हम लोग शत्रु बन गये। हमने नीति पर चलने वाले बादशाहों के लिए अपने भाइयों के गले पर तलवार चलाई है। आप ही के नामराशि, आपके पूर्वज अकबर तथा। शाहजहां को ठाकुरों ने कब सहायता नहीं दी? वे लोग प्रजा-पालक थे। अपनी प्रजा को पुत्र के समान मानते थे। हिन्द हो या मुसलमान हो, सबको योग्यता के अनुसार ओहदे देते थे। कभी किसी के धार्म में हस्तक्षेप नहीं करते थे। हम लोग ऐसे बादशाहों के साथी हैं। तुम्हारे पिता-जैसे बादशाह के साथी नहीं, जो मन्दिर तोड़कर मसजिद बनाये, हमारी मूर्तियों को मसजिद की सीढ़ियों में लगाये, तीर्थ यात्रियों के कर ले और निर्दोष हिन्दओं पर काफिर कहकर बिना अपराधा के ही अत्याचार करे। आप ही कहिए, यह जुल्म नहीं तो क्या है?

दुर्गादास अगर आप लोग औरंगजेब की करतूतों को दरअसल पाप और जुल्म समझते हो, और उनसे बचना चाहते हों तो जैसे हम कहें,वैसा करने की प्रतीक्षा करें, परन्तु समय पड़ने पर धोखा न देना। हम औरंगजेब को पकड़कर शाहजादे को गद्दी पर बिठा देंगे। इनका जैसा नाम है, वैसा ही बादशाह अकबर के-से गुण भी हैं। यदि ऐसा करना चाहते हों, तो सरदार मुहमद खां को बुला लो, मैं उपाय बताता हूं।

जब तक चौकीदार मुहम्मद खां को बुलाकर लाये, इतनी देर में मन-ही-मन शाहजादा न जाने क्या-क्या सोच गया। मुहम्मत खां के आ जाने के बाद शाहजादे ने कहा – ' भाई दुर्गादास! आप जो कुछ करना चाहते हैं, इसमें कोई सन्देह तो नहीं कि इससे बढ़कर कोई उपाय नहीं जिसमें हम दोनों की भलाई हो, परन्तु भाई! राज के लिए मैं ऐसा पाप नहीं कर सकता।

मुहम्मद खां ने कहा – ' शाहजादा! अभी आप बालक हैं, राजनीति नहीं जानते। बहुत पापों से बचने के लिए यदि एक पाप किया जाय, तो वह पाप नहीं, पुण्य है। इतना तो आप ही समझ सकते हैं,

कि आपके गद्दी पर बैठने के बाद ये जुल्म, जो अभी हो रहे हैं, क्या बन्द न हो जायेंगे? फिर राजपूतों की जो शिकायत है, वह दूर हो जायगी। परस्पर मेल हो जाने पर प्रजा कितने सुख से रहे; इसलिए हमें तो ऐसा करने में कोई पाप नहीं मालूम होता। अब रहा यह कि औरंगजेब ने अपने बाप को कारागार में रखकर बड़ा कष्ट दिया था।, आप ऐसा न करना। चलो, बस हो चुका। अगर आप इतने पर भी राजी नहीं, तो राजकुल में वृथा। ही जन्म लिया था।, कहीं फकीर होते जाके।

तैवर खां ने कहा – ' इसमें आपको करना ही क्या है? हम कैदियों की अदला-बदली के बहाने अपनी मुगल-सेना लेकर जायेंगे, और पीछे से राजपूत सेना एकाएकी धावा कर देगी! बादशाह अपनी सेना समझकर हमारी ओर अवश्य भागेगा, बस हमारा काम बन जायगा। बादशाह को पकड़कर वीर दुर्गादास को सौंप देंगे, और आपको शाही तख्त पर बिठा देंगे।

अकबरशाह की नीयत बिगड़ी! संसार में ऐसा कौन है, जो लक्ष्मी का तिरस्कार करे? अब रात भी आधी बीत चुकी थी और सब सरदार भी दुर्गादास की राय पर सहमत थे। बातचीत बन्द हुई, सब लोग अपने-अपने डेरे में विश्राम करने चले गये। शाहजादा अपनी सेज पर पड़ा-पड़ा अपने भविष्य पर विचार करता रहा। सवेरा हुआ और कूच का डंका बजा। सरदारों ने अपनी-अपनी सेनाएं संभाली और बुधावाड़ी के मैदान की तरफ रवाना हुए। यहां से अजमेर केवल डेढ़-दो कोस रह जाता है। लड़ाई के लिए मैदान भी अच्छा था।, और सेना के लिए भी सब प्रकार की सुविधा थी। दुर्गादास ने पड़ाव के लिए यही जगह उचित समझी। इनके दोनों तरफ पहाड़ी प्रदेश था।यहां युद्ध को किसी प्रकार की होने से प्रजा हानि नहीं पहुंच सकती थी। और वीर दुर्गादास का मतलब भी यही था।, नहीं तो आगे ही से बस्ती के बाहर मोर्चाबन्दी क्यों करता? अस्तु,वीर दुर्गादास के आज्ञानुसार पड़ाव यहीं पड़ा। सरदारों ने सेना के भोजन तथा। विश्राम का पूरा प्रबन्धा किया।

शाम को जयसिंह तथा। दुर्गादास आदि मुगल सरदारों से मिलकर औरंगजेब के लिए जो षडयंत्र रचा गया था।, उस पर विचार करने लगे। दुर्गादास ने कहा – ' खां साहब, देखो, धोखा न देना! नहीं तो बेचारे अकबरशाह के अरमान खाक में मिल जायेंगे। अगर धोखा दिया भी,तो हमारा क्या जायेगा? हम तो लड़ाई के लिए घर से निकले ही हैं, जहां एक से निपटना है, वहां दो से सही!

मुहम्मद खां ने कहा – ' वाह! हम मुसलमान हैं, बात कहकर बदलते नहीं। आगे बढ़कर पीछे नहीं हटते। फिर यह तो अपने मतलब की बात है। इसी तरह अपनी-अपनी उड़ा रहे थे। अकबरशाह तो इतने प्रसन्न थे, मानो बादशाह ही बने बैठे हैं।

परन्तु यह अभी किसी को नहीं मालूम कि बना बनाया खेल बिगड़ गया। मनुष्य लाख सिर मारे; जो ईश्वर चाहता है, वही होता है। उसके सभी काम विलक्षण हैं, कौन जान सकता है कि कब क्या होगा। चाहे जितनी गुप्त रीति से बातचीत क्यों न की जाय, भेद खुल ही जाता है। बड़े-बड़े लोगों ने कहा – ' है कि कान दीवार के भी होते हैं। जब देसुरी में शाहजादे के खेमे में इस पर बातचीत हो रही थी उस समय एक मुगल सिपाही शमशेर बाहर पहरे पर था।वह बात सुन रहा था।यह था। मौलवी; कट्टर मुसलमान। अकबर और शाहजहां को भी काफिर ही कहता था।वह रोजा और नमाज से बढ़कर सबाब हिन्दओं को दुख देने ही में समझता था।उसने सोचा कि काफिरों ने एक कट्टर मुसलमान बादशाह के विरुद्ध षडयंत्र रचा है, और वह मुझे मालूम हो गया है। अगर मैंने कोई उपाय न किया तो मैं भी खुदावन्द करीम की नजरों में काफिर ही बनूंगा; इसलिए यहां से निकलना चाहिए, देर करने में काम बिगड़ता है। और काम बिगड़ने पर केवल पछतावा ही साथ रहेगा। पछता ही के क्या करूंगा? फिर यहां किसलिए ठहरूं? अगर बच निकला तो एक मुसलमान को काफिरों के पंजे से छुड़ा सकूंगा, और अगर पकड़ा गया, तो इस्लाम के नाम कुरबान हो जाऊं। अस्तु; मौलवी साहब को किसी तरह का कष्ट न उठाना पड़ा। सुगमता से निकल गये, क्योंकि वीर दुर्गादास ने अपने मुगल कैदियों पर कड़ा पहरा न रखा था।दूसरे दिन मौलवी साहब अजमेर पहुंचे और बादशाह से कच्चा चिट्ठा कह सुनाया। औरंगजेब था। बड़ा ही धार्तृ, तुरंत ही एक चिट्ठी अकबरशाह के नाम लिखवाकर

एक फकीर को दी, कि इसे दुर्गादास के खेमे में डाल दे। फकीर को इनाम दिया गया। फकीर को कहीं रोक-टोक तो थी नहीं, मांगता-जांचता लश्कर में पहुंचा और अवसर पाकर पत्र दुर्गादास के डेरे में फेंक दिया। दैवयोग से वह पत्र सन्तरी के हाथ लगा, उठाकर दुर्गादास के पास लाया। दुर्गादास ने देखा तो उस पर शाही मुहर थी, और शहजादे के नाम था।खोलकर पढ़ने लगा। 'बेटा अकबरशाह! मैं तुम्हारे मुंह पर तुम्हारी बड़ाई नहीं करना चाहता, नहीं तो जितनी बड़ाई की जाय, वह थोड़ी ही है। तुमने काफिरों को फंसाने के लिए अच्छी युक्ति निकाली; मगर देखो, सावधान रहना। दुर्गादास बड़ा ही चालाक है। कहीं काम बिगड़ने न पावे। तैवर खां से सलाह लेते रहना, वह बड़ा पक्का मुसलमान है। बेटा! मैं तुम्हारे पत्र का उत्तार कभी न देता; क्योंकि दूसरे के हाथ में पड़ जाने से काम में बाधा पड़ने का अंदेशा था।; परन्तु फिर यह सोचा कि कदाचित तुम्हें सन्देश बना रहे, कि तुम्हारा पत्र हम तक पहुंचा या नहीं और मैं हो गया या नहीं? इसलिए विवश हुआ।

तुम्हारा पिता।"

यह पत्र पढ़कर दुर्गादास को अकबरशाह पर सन्देह उत्पन्न हो गया। पत्र लिए हुए सीधा जयसिंह के पास पहुंचा। पत्र तो उनके हाथ में दे दिया और पलंग पर बैठकर पापियों के विश्वासघात से होनेवाले परिणाम पर विचार करने लगा। जयसिंह ने पत्र पढ़ा और म्यान से तलवार खींच ली। दुर्गादास ने कहा – ' यह क्या? जयसिंह ने कहा – ' भाई! आप तो क्षमा के अवतार हैं। किसी ने कैसा ही अपराधा क्यों न किया हो आप क्षमा कर देते हैं, परन्तु मुझमें यह दैवी गुण नहीं। दुष्टों को विश्वासघात का मजा चखाऊंगा। दुर्गादास ने कहा – ' भाई! यह राजपूतों का धार्म नहीं। वे हमारे बन्दी हैं, और इसके अतिरिक्त आज तक उनसे हमारा भाई-चारे का बर्ताव रहा। अब आप उन्हें बिना किसी अपराधा के मारना चाहते हैं, यह अनुचित कार्य करने की मेरी इच्छा नहीं।

अध्याय 6

जयसिंह ने शान्त होकर पूछा अच्छा! तो बताइये आपकी इच्छा क्या है?

दुर्गादास ने कहा – ' अगर मेरी इच्छा पूछते हो, तो इन्हें इसी प्रकार सोते ही छोड़ दिया जाय और हम अपनी सेना को देववाड़ी की पहाड़ियों में छिपा दें। औरंगजेब की सेना के आने पर दोनों तरफ से साथ ही धावा बोल दिया जाय। हमें विश्वास है; वह दुतरफा मार कभी न सह सकेगा। अगर भागना चाहेगा, तो सामनेवाले दर्रे के सिवा और दूसरा रास्ता न होगा। और जब दर्दे में फंसा तो उबरना कठिन होगा। फिर या तो हमारी शरण आयेगा या बेमौत मरेगा।

यह सलाह जयसिंह के मन में बैठ गई। धीरे-धीरे राजपूत सरदारों को सचेत किया। सबों ने अपनी-अपनी सेना संभाली और रात के पिछले पहर तक देववाड़ी के पहाड़ी प्रदेश में जा पहुंचे। सवेरा हुआ। तारों की चमक फीकी पड़ने लगी, प्रकाश का रंग बदलने लगा। अपने-अपने घोंसलों से निकलकर पक्षियों ने शाखाओं पर ईश्वर का गुणगान प्रारम्भ किया। अजान सुनकर मुगल सरदारों ने भी नमाज की तैयारी की। खेमे से बाहर निकले थे कि बस, जान सूख गई। कहां की नमाज; और कहां का रोजा! यहां तो प्राणों पर आ बनी। अकबरशाह की तो कुछ पूछो ही न। जो कल बादशाह बने बैठे थे, आज भागने का रास्ता न पाते थे। चेहरे पर जो शाही झलक थी, आज फीकी पड़ गई। सोचने लगा या खुदा! माजरा क्या है! राजपूत सेना थी, कि इन्द्रजाल का तमाशा?

तैवर खां से बोला हमें दुर्गादास के चले जाने का दुःख नहीं। दुःख तो यह है कि चोरी से क्यों चले गये? क्या हम लोग उन्हें रोक लेते?हम लोग तो खुद ही उनके बन्दी थे, फिर छिपकर जाने का कारण क्या था।? तैवर खां ने कहा – ' शाहजादा! इसमें दुख की कौन बात है?हम लोगों पर दुर्गादास को विश्वास नहीं आया और ठीक भी है! विश्वास कैसे आता? एक मछली सारे ताल को गन्दा कर देती है। फिर बादशाह ने छल-पर-छल किये हैं। यह दुर्गादास की भलमंसी थी, कि हम लोगों को बिना किसी प्रकार का दुःख पहुंचाये ही छोड़कर चला गया। नहीं जान से मार डालता तो हम उसका क्या बना लेते आखिर थे तो उसी के अधीन! जो चाहता, करता।

मुहम्मद खां ने कहा – ' भाई! दुर्गादास ने जो कुछ किया, अच्छा किया। अब हम लोगों को चाहिए कि दुर्गादास को दिखा दें कि सब आदमी एक-से नहीं होते। अगर कुछ मुसलमान झूठे होते हैं, तो कुछ अपनी प्रतिज्ञा के सच्चे भी होते हैं। इसलिए शाहजादे को जाने दो कि वह दुर्गादास की तलाश करें। हम लोग अपना लश्कर लेकर मोर्चे पर चलें और बादशाह से लोहा लें, मरें या मारें। अपनार् कत्ताव्य पालन करें। यह खबर पाकर दुर्गादास अपनी करतूत पर लज्जित होगा।

तैवर खां को यह सलाह पसन्द आई। अकबरशाह को विदा किया और अपना लश्कर लेकर औरंगजेब के मुकाबिले पर चला। रास्ते ही में औरंगजेब की सेना से मुठभेड़ हो गई। यह लश्कर मुअज्जम और अजीम की सरदारी में था।ये दोनों ही अकबरशाह को अपने पथ का कण्टक समझते थे, परन्तु उन्हें रास्ता साफ करने की घात न मिलती थी। आज मुंहमांगी मुराद मिली। जी तोड़कर लड़ने लगे। पहले तो तैवर खां के सिपाहियों ने बड़ी बहादुरी दिखाई; मगर फिर मौलवी साहब का फतवा सुनते ही तोते की भांति आंखें बदल दीं और अपने दोनों सरदारों को घेरकर खुद ही मार डाला।

मुहम्मद खां और तैवर खां के मारे जाने के पश्चात अजीम ने अकबरशाह की बहुत खोज की, परन्तु पता न चला। विवश होकर अजमेर लौट पड़ा, क्योंकि सेना आधी से अधिक घायल हो गई थी, इसलिए वीर दुर्गादास का सामना करने की हिम्मत न रही। नहीं तो विजय के घमण्ड में आगे जरूर बढ़ता। घमण्ड तो दुर्गादास चूर ही कर देता; मगर बेचारे अकबरशाह के प्राण न बचते। किसी-न-किसी की दृष्टि पड़ ही जाती क्योंकि वह वीर दुर्गादास की खोज में देववाड़ी की पहाड़ियों पर इधर-उधर भटकता फिरता था।संयोगवश शामलदास के भेंट हो गई, जो पांच सौ सवार लिये देववाड़ी के मार्ग की चौकसी कर रहा था।पहले तो शामलदास को सन्देह हुआ कि कदाचित भेद लेने आया हो; लेकिन बातचीत होते ही सन्देह जाता रहा, और उसे वीर दुर्गादास के पास भेज दिया। शाहजादे को देखकर दुर्गादास लज्जित होकर बोला शाहजादा! मुझे क्षमा करना, मुझसे अपनी इतनी आयु में पहली ही भूल हुई है। आज तक मैंने किसी के साथ विश्वासघात नहीं किया और न किसी निर्दोष पर तलवार ही उठाई है। आपके साथ जो मुझसे चूक हुई; वह धोखे में हुई। लीजिए यह अपने पिता का पत्र पढ़िए और आप ही कहिए,ऐसी स्थिति में हमारार् कत्ताव्य क्या होना चाहिए था।?

शाहजादे ने पत्र पढ़कर कहा – ' भाई दुर्गादास, इसमें तुम्हारा दोष नहीं, यह हमारी कम्बख्ती थी। मृत्यु की सामग्री तो पत्र ही में थी,परन्तु न जाने अभी भाग्य में क्या, जो जीवित रहे? खुदा जाने, तैवर खां पर कैसी गुजरी? दुर्गादास ने कहा – ' शाहजादा! मुझे दु:ख इस बात का है, कि भूल की मैंने और मारे गये मुहम्मद खां और तैवर खां।

दुर्गादास का यह अन्तिम वाक्य पूरा भी न हुआ था। कि "अल्लाहो अकबर" की आवाज कानों में सुनाई दी। शाहजादे पर फिर सन्देह उत्पन्न हुआ, मगर आगे बढ़कर पहाड़ी से जो नीचे झांका तो औरंगजेब की सेना दर्रे में फंसी देखी। फिर क्या था।, राजपूतों को लेकर टूट पड़ा! लगी दुतरफा मार पड़ने। मुगल सेना जिस तरह भागती थी, उसी तरफ अपने को राजपूतों से घिरा पाती थी। दुर्गादास ने सिवा एक पहाड़ी दर्रे के चारों तरफ से देववाड़ी की पहाड़ियां घेर रखी थीं। इस दर्रे के तीनों तरफ ऊंची-ऊंची पहाड़ियां थीं और एक तरफ रास्ता था।; वह भी छोटा-सा। औरंगजेब यह क्या जाने की हमारे बचने का रास्ता नहीं, चूहादान है? पिल पड़ा। पीछे-पीछे लश्कर भी पहुंच गया। राजपूतों ने ऐसा पीछा किया, जैसे चरवाहे भेड़ों को बाड़े में हांकते हैं। जब सारा लश्कर दर्रे में चला गया, तो राजपूतों ने खिलवाड़ की तरह वह भी रास्ता पत्थरों से बन्द कर दिया। पहाड़ियां इतनी ऊंची और इतनी कठिन न थीं कि कोई चढ़ न सके; परन्तु कठिनाई अवश्य थी। रात अभी एक पहर से अधिक तो बीती न थी, लेकिन अंधियारा हो चुका था। और चन्द्रमा का प्रकाश भी इतना न था।उस पर राजपूत ऊपर से पत्थर ढकेल रहे थे। सारांश यह है कि सब ढंग बेमौत मरने के ही थे। फल यह हुआ कि कुछ तो पत्थरों से घायल मर गये और कुछ जीते रहे; परन्तु वे भी मृतकों से किसी दशा में अच्छे न थे। उपाय तो राजपूतों ने यही सोचा था। कि एक भी मुगल जीवित न बचे, और दर्रा भी आधो के लगभग पाट दिया था।, परन्तु औरंगजेब के भाग्य को क्या करते। उसे एक छोटी-सी खोह मिल गई। बाप-बेटे दोनों बड़ी सावधानी से उसी में दुबक रहे।

जब राजपूतों का उपद्रव शान्त हुआ, तो दोनों दबे पांव बाहर निकले। रात का पिछला पहर था।चन्द्रदेव अस्त हो चुके थे। हां, चारों तरफ आकाश पर तारे जरूर झिलमिला रहे थे। दुर्गादास अपना लश्कर लेकर बुधाबाड़ी लौट आया, मैदान साफ था।, इसलिए औरंगजेब को ऊंची-ऊंची पहाड़ियों पर चढ़ने के सिवा और कोई अड़चन न पड़ी। कोई कहीं देख न ले! शत्रु के हाथ फिर न पड़ जायें! केवल यही भय था।इसलिए अपने को छिपाता हुआ बड़ी सावधानी से इधर-उधर पहाड़ियों में भटकने लगा। जैसे-तैसे भूखा-प्यासा तीसरे दिन अजमेर पहुंचा। अजीम उससे पहले ही वहां पहुंच गया था।औरंगजेब उस पर बहुत झुंझला गया और गुस्सा कुछ अजीम ही पर न था।वह जिसे पाता था।, फाड़ खाता था।जलपान के पश्चात जरा जी ठिकाने हुआ, तो सरदारों को बुलाया। जब किसी में वीर दुर्गादास का सामना करने का साहस न देखा तो अपने राज्य के कोने-कोने से मुसलमानी सेना भेजने के लिए सूबेदारों को आज्ञा-पत्र लिखवाये। फिर भी सन्तोष न हुआ। सोचने लगा कि इतनी

मुगल सेना,जिसे दुर्गादास का सामना करने को भेज सकूं; एक सप्ताह में एकत्र होना असम्भव है और दुर्गादास का कुछ ठीक नहीं, न जाने कब अजमेर पर धावा बोल दे? इसलिए कोई जाल फेंकना चाहिए।

दूसरे दिन सरदार जुल्फिकार खां को चालीस हजार अशर्फियां देकर वीर दुर्गादास के पास भेजा। यह सरदार भी बड़ा चतुर था।शाम को दुर्गादास की छावनी में पहुंचा। सवेरे आज्ञा पाकर वीर दुर्गादास के पास गया। सलाम किया और अशर्फियां सामने रखकर बोला ठाकुर साहब! हमारे बादशाह सलामत ने आपको सलाम कहा – ' है; और ये चालीस हजार अशर्फियां भेंट में भेजी हैं। ठाकुर साहब, अब आपको चाहिए कि बादशाह की भेंट को खुशी के साथ स्वीकार करें, और ईश्वर को धान्यवाद दें; क्योंकि बादशाह जल्द किसी पर प्रसन्न नहीं होते। न जाने क्यों आज आपकी बहादुरी पर खुश हो गये! पुरस्कार में ये चालीस हजार अशर्फियां ही नहीं भेजी, साथ ही साथ यह भी कहला भेजा है कि तेजकरण को पांच हजार सवारों का नायक बनाऊंगा और मारवाड़ के सरदारों के अधिकार जैसे राजा यशवन्तसिंह के सामने थे वैसे ही रहेंगे। जिसकी जागीर जब्ती की गई है, वह लौटा दी जायगी। और लौट जाने पर, सब राजपूत बन्दी भी छोड़ दिये जायेंगे। इसलिए कृपा कर मुझे शीघ्र ही लौट जाने की आज्ञा दे और शाहजादे को सादर मेरे साथ कर दें। बादशाह अकबरशाह के वियोग से दुखी हैं। उसे देखते ही बड़ा प्रसन्न होगा; ईश्वर जाने आपके साथ और क्या भलाई करे? अच्छे कामों में देर न करनी चाहिए। शंका विनाश का कारण है। शंका करने से बने-बनाये काम बिगड़ते हैं। अगर मैं खाली हाथ लौटा तो समझे रहिए, राजाओं की प्रसन्नता उतना सुख नहीं देती, जितना कि अप्रसन्नता दुःख देती है। ईश्वर न करे, कहीं बादशाह आपके बर्ताव से चिढ़ जाय, तो यह जान लीजिएगा कि पलक मारते ही जोधपुर का सत्यानाश कर डालेगा। जो बादशाह क्षण-मात्र में बीस लाख सेना इकट्ठी कर सकता है, उसका सामना आप मुट्ठी भर राजपूत लेकर क्या कर सकते हैं? मैं आपकी भलाई के लिए आया हूं, बुराई के लिए नहीं। अगर आप अपने धार्म को, अपनी बहन-बेटियों की, अपने भोले भाइयों की और देव-मंदिरों की भलाई चाहते हों, तो शाहजादे को हमारे साथ कर दें। ठाकुर साहब, एक के लिए बहुतों को दुःख में डालना चतुराई नहीं।

दुर्गादास चुपचाप सरदार जुल्फिकार खां की बातें सुन रहा था। और सोच रहा था। कि क्या उत्तार दिया जाय? अगर हां, करता हूं, तो अधार्म होता है। अभयदान देकर शाहजादे को फिर क्योंकर मौत के मुंह में डाल दूं। अगर न करता हूं तो न जाने सरदारों के मन में क्या हो। दुर्गादास इसी सोच-विचार में पड़ा था।शाहजादा बड़ी देर से दुर्गादास की तरफ देख रहा था। क्या उत्तार देते हैं? जब देखा कि दुर्गादास बोलते ही नहीं, मौनव्रत ही धारण कर लिया है, तो शाहजादे को चिन्ता ने घेर दबाया। उदास मन विचारने लगा कि कदाचित वीर दुर्गादास अपने प्राणों के लालच से मुझे न त्यागा; परन्तु अब तो अपने देश, धार्म और जाति का प्रश्न है। देश की भलाई के निमित्ता मुझे अवश्य त्याग देगा; क्योंकि अपनी जाति वालों के आगे मुझ मुगल के प्राणों की उसे क्या परवाह होगी? और उचित भी ऐसा ही है। जहां एक के बलिदान से अनेकानेकों की रक्षा होती हो, इसमें विलम्ब न करना चाहिए। तब दुर्गादास जुल्फिकार खां की बातों का उत्तार क्यों नहीं देता कदाचि असमंजस में पड़ा हो कि जिसको अभयदान दे चुका है, उसे किस प्रकार त्याग दे? मेरी तो मृत्यु आ ही गई, तब अपने शुभचिन्तक को अधिक कष्ट क्यों पहुंचाऊं?

यह विचार कर शाहजादा उठ खड़ा हुआ और कहने लगा वीर दुर्गादास! मैं आपकी नहीं, बल्कि अपनी इच्छा से सरदार जुल्फिकार खां के साथ जा रहा हूं। इसमें आपका कुछ दोष नहीं; क्योंकि जहां तक हो सका, आपने मेरी रक्षा की। मनुष्य अपनी शक्ति के बाहर क्या कर सकता है? कोई किसी का भाग्य नहीं पलट सकता।

वीर दुर्गादास ने शाहजादे का हाथ पकड़कर अपने पास बिठा लिया और बोला, शाहजादे! मैं चालीस हजार क्या, अगर बादशाह अपना राज्य भी देकर तुम्हें लेना चाहे तब भी तुम्हें अब मृत्यु के

मुख में नहीं डाल सकता। मैं अपने कुल और जाति को कलंकित नहीं करना चाहता। राजपूतों के मुख में एक ही जिह्वा होती है। शाहजादा, कदाचित तुमने यह सोचा हो कि मेरे एक के लिए दुर्गादास अपने देश भर को विपत्ति में क्यों डालेगा? तो यह तुम्हारी भूल है। देखो, केवल महासिंह के लिए हमारे मारवाड़- वासियों ने कितना कष्ट भोगा; परन्तु उसका फल कैसा मिला? कहना व्यर्थ है, हाथकंगन को आरसी क्या। देखो, मारवाड़ स्वतंत्र हुआ। बादशाह ने सलाम के साथ-साथ चालीस हजार की भेंट भेजी है। अब यदि तुम्हारे लिए कष्ट उठाना पड़ेगा तो उससे भी अच्छे फल की आशा है। अंधोरे के बाद ही उजाला होता है। दु:ख भोगने के पश्चात् ही सुख का आनन्द मिलता है। मिट्टी में मिल जाने के पश्चात् ही बीज हरा-भरा वृक्ष बनता है।

दुर्गादास को इस प्रकार शाहजादे को तसल्ली देते देख, जयसिंह को अब सरदार जुल्फिकार खां की बातों का जवाब देने में सहायता मिली। बड़ी नरमी के साथ बोला जुल्फिकार खां। तुम्हारे बादशाह ने आज तक राजपूत के लिए कौन ऐसा कष्ट पहुंचाने वाला काम था।, जो न किया हो? अब उससे अधिक कष्ट देने वाला कौन-सा उपाय सोच रखा है, जिसकी धामकी देता है। देव-मन्दिरों को तोड़कर मसजिदें बनवाईं, धार्म-पुस्तकों को जलवाया, ब्राह्मणाों के जनेऊ तुड़वाये, सती अबलाओं का सतीत्व नष्ट कराया, तीर्थयात्रियों पर जजिया नामक कर लगाया और बिना अपराधा ही के बेचारे निर्दोष राजपूतों को बन्दी-गृह का कष्ट भुगवाया। बहुतों को फांसी दिलाई अब तुम्हीं कहो, प्राण-दण्ड से अधिक और कौन दण्ड होगा। भाई, हम राजपूतों के साथ यदि वह न्याय का बर्ताव करता, तो हम लोग काले सर्प के समान उसे कभी न डसते, वरन् श्वान के समान उसकी सेवा करते। यह नौबत कभी न आती कि इतना बड़ा बादशाह एक राजद्रोही के लिए प्रजा को झुककर सलाम करे! चालीस हजार अशर्फियों का लोभ दिलाये।

दुर्गादास ने कहा – ' भाई जयसिंह, आप ऐसी बातें किससे और किसलिए कर रहे हैं? मैं अभी तक इसलिए मौन बैठा रहा कि जुल्फिकार खां ने वृथा। बातें करके अपना समय क्यों नष्ट करूं? इनसे बातें करने में कोई लाभ तो है ही नहीं, उत्तार देकर क्या करें। इन्हें जो कुछ कहना है, कह लेने दो। बादशाह ने न धामकी दी है और न लालच, यह धोखेबाजी और जाल है। सरदार जुल्फिकार खां, आप अपनी ये अशर्फियां लीजिए, क्योंकि पाप से कमाये हुए धान की भेंट राजपूत कभी स्वीकार नहीं कर सकते! और न शरण में आये हुए को अपने प्राण रहते त्याग ही सकते हैं। इसलिए आप खुशी से लौट जाइए, और बादशाह के सलाम के जवाब में सलाम कहिए। जुल्फिकार खां ने अब भी बहुत कुछ कहा – ' सुना; परन्तु राजपूती हठ (प्राण जाहिं बरु वचन न जाहीं) कब छूट सकता है। अन्त में लाचार होकर जुल्फिकार खां को लौटना ही पड़ा।

जुल्फिकार खां के चले जाने के थोड़ी देर बाद उदयपुर के राणा का छोटा बेटा भीमसिंह आया। सब सरदारों से मिल-भेंटकर दुर्गादास के पास बैठ गया। जयसिंह ने पूछा भैया भीमसिंह! घुड़ाये से क्यों हो! क्या कोई नई बात है? भीमसिंह ने कहा – ' घबराहट नहीं; परन्तु आश्चर्य अवश्य है। वह यह कि आप सबको न्रिरूश्चत देख रहा हूं। अभी तक आप लोगों ने अजमेर पर चढ़ाई क्यों न की? अवसर अच्छा था।, अब वह समय हाथ से निकल गया। औरंगजेब ने चारों तरफ लड़ाई बन्द करवा दी और सब मुगल-सेवा अजमेर बुला ली है। ईश्वर ही जाने अब मारवाड़ी की क्या दशा होने वाली है।

केसरीसिंह सबसे वृद्ध सरदार था।, बोला भाइयो! हमें अपनी या मारवाड़ की कोई चिन्ता नहीं। हमारा पहला धार्म है कि शाहजादे की रक्षा का प्रबन्धा किया जाय, पश्चात् औरंगजेब से लोहा लें। यह बात सब राजपूत सरदारों के मन में बैठ गई। वे सोचने लगे कि शाहजादे को कहां भेजा जाय, जहां उनकी रक्षा में किसी प्रकार की त्रुटि न हो? भीमसिंह ने कहा – ' महाराज, शिवाजी का पुत्र वीर शम्भा जी इनकी रक्षा कर सकेगा; क्योंकि एक तो वह वीर पुरुष है, दूसरे औरंगजेब का कट्टर शत्रु है, तीसरे अब वहां मुगल सेना नहीं है। लड़ाई बन्द है, सब तरह की सुविधा है। वीर दुर्गादास तथा। शाहजादे ने स्वयं शम्भाजी के पास जाना पसन्द किया।

शाम को दुर्गादास थोड़े-से सवारों को साथ लेकर शम्भाजी के पास चला और चलते समय सेना को मोर्चे पर ले जाने के लिए सरदारों को आज्ञा देता गया। शहजादे को साथ लिए एक बहुतेक जंगल-पहाड़ पार करता हुआ तीसरे दिन शम्भाजी के यहां पहुंचा। शम्भा जी ने देखते ही शाहजादे को पहचान लिया और बड़े आदर-भाव से मिला। निश्चिन्त होने के पश्चात् दुर्गादास ने उससे अपने आने का कारण कह सुनाया। शम्भाजी ने अपना हार्दिक हर्ष प्रकट किया और कहा – ' भाई दुर्गादास! हम लोगों का मुख्य धार्म ही है कि शरणागत की रक्षा करें। फिर शहजादे ने तो हमारे साथ बड़ा उपकार किया है। जब दिल्ली के कारागार में मैं और मेरे पूज्य पिताजी दोनों बन्दी थे, उस समय शहजादे ने हमारी बड़ी सहायता की। इनका दिया हुआ घोड़ा अभी तक हमारे पास है। मैं इनकी रक्षा अपने प्राणों के समान करूंगा। अब आप इनसे निश्चिन्त रहिए।

रात को दुर्गादास ने वहीं विश्राम किया, दूसरे दिन शम्भा जी से विदा हो मारवाड़ की तरफ चल दिया। गुजरात के आगे एक पहाड़ी पर खड़े शामलदास मेड़तिया से भेंट हुई। यह अपनी सेना लेकर जयसिंह के आज्ञानुसार दक्षिण्ा प्रान्त से आने वाली मुगल- सेना रोकने के लिए रास्ते में आ डटा था।यह हाल दुर्गादास को मालूम न था।; इसलिए शामलदास ने कहा – ' महाराज! आपके चले जाने के पश्चात् सब सरदारों ने यह सलाह की कि मुगल-सेना जो हम लोगों की असावधानी के कारण अजमेर आ चुकी सो आ चुकी परन्तु अब दूर से आने वाली सेना के सब मार्ग रोक दिये जायें। नहीं तो स्वप्न में भी जय पाना कठिन होगा। यह सोचकर सरदारों ने कुछ सेना बंगाल, मद्रास और पंजाब की तरफ भेद दी है। अब जहां तक हो सके शीघ्र ही पहुंचिए। कदाचित् आज ही आपका रास्ता देखकर सरदार शोनिंगजी अजमेर पर चढ़ाई कर दें।

यह सुनकर वीर दुर्गादास शामलदास को युद्ध के विषय में कुछ समझा-बुझाकर घोड़े पर सवार हुआ। लगाम खींचते ही घोड़ा हवा से बातें करता हुआ चल दिया। रात के पिछले पहर बुधावाड़ी पहुंचा, मालूम हुआ सेना मोर्चे पर गई है। यद्यपि वीर दुर्गादास और घोड़ा दोनों ही लस्त हो चुके थे; परन्तु दुर्गादास तो देश-सेवा के लिए अपना शरीर अर्पण कर चुका था।बिना मारवाड़ स्वतन्त्रा किये उसे चैन कब था।, सीधा अजमेर भाग और पौ फटने के पहले अपनी सेना में पहुंच गया। यह सब समाचार औरंगजेब को मिला तो वह घबड़ा उठा; क्योंकि अजमेर में अभी तक मुगल सेना के दो ही भाग आ सके थे। बाकी सेना की प्रतीक्षा की जा रही थी। बादशाह को अपनी आधी सेना पर काफी भरोसा न था। :इसलिए दूसरा जाल रचा और सवेरा होते ही सरदार दिलेर खां के हाथ सन्धिा का सन्देश भेजा। वीर दुर्गादास ने कहा – ' सरदार दिलेर खां! भोले राजपूतों ने बहुत धोखे खाये। अब हम लोग तुम्हारे बादशाह की जबानी बातचीत पर विश्वास नहीं करेंगे; अगर वह सचमुच सन्धिा करना चाहता है तो बादशाही मुहर लगाकर पत्र लिखे कि हमारे धार्म पर आक्षेप न करेंगे, हिन्द और मुसलिम में कोई अन्तर न समझेंगे,योग्यता पर ही ओहदे दिये जायेंगे; यदि तुम्हारा बादशाह ऐसा स्वीकार करता है तो हम लोग भी सन्धिा को तैयार हैं। नहीं तो हाथ में ली हुई तलवारें मारने के बाद ही हाथ से छूटेंगी। बस जाओ, हमें जो कुछ कहना था।, कह चुके, अब हमारे कहने के विरुद्ध यदि उत्तार लाना हो तो युद्ध-स्थल में तलवार लेकर आना।

दिलेर खां कोरा उत्तार पाकर औरंगजेब के पास लौट गया और दो की चार बताई। सुनते ही औरंगजेब जल उठा। और तुरन्त ही युद्ध की तैयारी के लिए डंका बजवा दिया। मुगल-सेना मैदान में एकत्र हुई। उस समय एक ऊंचे स्थान पर खड़े होकर औरंगजेब ने धार्म उपदेश किया और सैनिकों को यहां तक उत्तोजित किया कि धार्मान्धा मुगलों को लड़ाई की दाव-घात की सुधि न रही। जिस प्रकार लहरें किनारे की चट्टानों से टकराकर फिर जाती हैं, उसी प्रकार मुगल सेना राजपूतों से टक्कर लेने लगी। वीर राजपूतों ने बड़ी सावधानी से हमलों को रोका और देखते-देखते आधी मुगल सेना काट डाली। धार्मान्धा औरंगजेब की आंखें खुलीं। सारा धार्म का घमण्ड जाता रहा। प्राणों के लाले पड़े। दायें-बायें झांकने लगा और मौका पाकर प्राण ले भाग। सेना की भी हिम्मत टूट गई। पैर उखड़ गये। बादशाह के भागते ही सेना भी भाग खड़ी हुई। किले के अलावा दूसरी तरफ मार्ग न

मिला; क्योंकि राजपूतों ने अपूर्व व्यूह-रचना की थी। जब मुगल-सेना किले में जा घुसी तो राजपूतों ने चारों तरफ से किला घेर लिया। उसी समय एक भेदिये ने बादशाह को खबर पहुंचाई कि शामलदास और दयालदास ने दक्षिण से आने वाली सेना का एक भी सिपाही जीवित नहीं छोड़ा और मालवे में भी राजपूतों ने बड़ा उपद्रव मचा रखा है। यह समाचार सुनकर औरंगजेब घबड़ा गया और राजपूतों से सन्धि कर लेने का निश्चय किया। अपने बड़े बेटे मुअज्जम को बुलाकर राजपूतों की मांगें सन्धि-पत्र पर लिखाकर बादशाही मोहर लगाई और दुर्गादास को भेज दिया। वीर दुर्गादास ने सन्धि-पत्र पढ़कर अपने सरदारों को सुनाया। किले का द्वार खोल दिया। बादशाही झण्डे की जगह राजपूती झण्डा फहराया गया। मारवाड़ की सब छोटी-बड़ी रियासतों को विलय-समाचार भेजा गया। और कुंवर अजीतसिंह ने राज्यभिषेक में सम्मिलित होने के लिए उन्हें निमन्त्रित किया गया।

वीर दुर्गादास ने कुंवर अजीतसिंह का राजतिलक औरंगजेब के हाथों करवाना निश्चिन्त किया था।, इसलिए उसे दिल्ली जाने से रोक लिया। दूसरे दिन वीर दुर्गादास अपने साथ करणसिंह, गंभीरसिंह तथा। थोड़े-से सवार लेकर आबू की घनी पहाड़ियों में बसे हुए डुडंवा गांव में पहुंचे। जयदेव ब्राह्मण के द्वार पर भीलों के लड़कों के साथ आनन्द से खेलते हुए कुंवर अजीतसिंह को देखा। यद्यपि अजीत अब आठ वर्ष का हो चुका था।; परन्तु राजचिह्नों को देखकर दुर्गादास ने पहचान लिया। आंखों में आनन्द के आंसू भर आये। अजीत को गोद में उठा लिया। उसी समय आनन्ददास खेंची भी आ पहुंचे। बड़े प्रेम से एक दूसरे के गले मिले। दुर्गादास ने खेंची महाशय को आठ वर्ष के अच्छे-बुरे समाचार कह सुनाये। अजमेर की विजय और कुंवर अजीतसिंह की राजगद्दी सुनकर सबको बड़ा ही आनन्द हुआ। यह शुभ समाचार वायु के समान क्षण भर में सारे गांव में फैल गया।

नगरवासी तथा। राजकुमार के साथ खेलने वाले सब साथी इकट्ठे हो गये। अब राजकुमार के भोले-भाले मुख पर अलबेली राजश्री प्रकाश था।छोटे-छोटे लड़के आपस में कहते थे भाई! हम लोगों ने अनजाने में बड़े अपराधा किये हैं। हजारों बार खेल में राजकुमार को मारा होगा। भाई,एक दिन वह था। कि राजकुमार हम लोगों के साथ धाूल में खेलते थे। अब कल वह दिन होगा कि सारे मारवाड़ देश के स्वामी बनकर राज- सिंहासन पर शोभा पायेंगे। राजमद में चूर होकर हम दीन-सखाओं की ओर फिर कृपा-दृष्टि क्यों करने लगे? इसी प्रकार अपनी-अपनी कहते थे और राजकुमार के मुख की ओर एकटक देख रहे थे। राजकुमार भी अपने प्यारे मित्रों की तरफ बड़े प्रेम से देख रहा था। और सोच रहा था। कि चाचाजी इन सबको हमारे साथ ले चलेंगे या नहीं? एक बार अपने मित्रों की तरफ देखकर आनन्ददास खेंची की ओर देखा। खेंची महाशय ने राजकुमार का अभिप्राय समझकर बालकों से कहा – ' जाओ, अपने-अपने पिता को लेकर राजकुमार के साथ चलो, तुम लोगों के लिए इससे बढ़कर आनन्द का समय और कब होगा, कि तुम्हारे साथ खेलने वाला आज मारवाड़ देश का स्वामी हो!

थोड़ी ही देर में सारे नगर-निवासी राजकुमार का राजतिलक देखने के लिए साथ चलने के लिए तैयार होकर पहुंचे। जिससे जो हो सका,राजा को भेंट की सामग्री भी अपने साथ ले चला। राजकुमार अपने मित्रों को अपने साथ चलते देख बड़ा मगन था।उमर ही अभी खेल-कूद की थी। था। तो केवल आठ वर्ष का! क्या जाने राज्य किसको कहते हैं? राजतिलक क्या होता है? वह तो यह सब खेल समझता था।आज तक उस बेचारे के सामने कभी पूज्य पिता का भी नाम न लिया गया था।वह संसार में किसी को अपना जानता था।, तो आनन्ददास खेंची को और देव शर्मा तथा। देव शर्मा की स्त्री को, जिन्हें वह चाचा-चाची कह कर बुलाता था।।

गीदड़ों में पला हुआ सिंह का बच्चा चाहे उसके स्वाभाविक गुण नष्ट न हुए हों अपने को सिंह नहीं समझता, जब तक सिंहों के साथ न पड़े। यही बात राजकुमार अजीत के साथ थी। भीलों के साथ पाला गया था।फिर राज्य करना क्या जाने? अपने मित्रों से हंसता-बोलता दूसरे दिन यात्र समाप्त कर दो-पहर दिन ढलते अजमेर आ पहुंचा। यहां भारी भीड़ थी। एक ओर मुगल सेना दूसरी ओर

राजपूत सेना, सुन्दर वस्त्रों से विभूषित, राजकुमार का स्वागत करने के लिए खड़ी थी। स्थान-स्थान पर बाजे बज रहे थे, नाच-गान हो रहा था।ऐसा कोई भी घर न था।, जिसके द्वार पर बन्दनवार न बंधी हो, मंगलकलश न धारे हों। घर-घर आनन्द मनाया जा रहा था।, और जय-धवनि आकाश में गूंज रही थी। मारवाड़ की छोटी-बड़ी सब रियासतों के सरदार उपस्थित थे। राजकुमार का स्वागत बड़ी धूम-धाम से किया गया, और शुभ मुहूर्त में उसे सोने के सिंहासिन पर बैठाकर औरंगजेब के हाथों तिलक कराया गया। सरदारों ने राजकुमार के चरणों पर शीश झुकाया और यथा।शक्ति नजरें दी। उसी समय वृद्ध नाथू को साथ लिए हुए बाबा महेन्द्रनाथ जी पधारे। उपस्थित जनता ने उनका बड़ा सत्कार किया। नाथू ने स्वामी को महाराज यशवन्तसिंह की दी हुई लोहे की सन्दकची सौंपी, जिसे वीर दुर्गादास ने भरे दरबार में महाराज अजीतसिंह को सर्मपण कर दिया; और महाराज यशवन्तसिंह जी ने जिस अवस्था में और जो कुछ कहकर शोनिंग जी चम्पावत को सन्दकची सौंपी थी, वह कह सुनाई। अजीतसिंह ने सन्दकची बड़े मान के साथ लेकर दुर्गादास को फिर दे दी और उसे खोलकर प्रजा को दिखलाने की आज्ञा दी। सन्दकची दरबार में खोली गई। उसमें महाराज यशवन्तसिंह का राजमुकुट राजकुमार को पहना दिया और जनता के सामने खड़े होकर राजकुमार अजीतसिंह के जन्म से लेकर राजतिलक-पर्यन्त जो-जो घटनाएं हुई थीं, कह सुनाई। दैवयोग वह मुसलमान मदारी भी मिल गया, जो खेंची महाशय और अजीत को छिपाकर लाया था।उसकी गवाही ने प्रजा का सन्देश समूल नष्ट कर दिया! वीर दुर्गादास को प्रजा ने कोटिश: धान्यवाद दिये, क्योंकि महाराज यशवन्तसिंह जी के वंश तथा। राज्य के रक्षक ये ही थे।

राजपूतों का यह आनन्दोत्सव औरंगजेब को अच्छा न लगता था।; इसलिए केवल तीन दिन अजमेर में रहकर महाराज अजीतसिंह से विदा हो दिल्ली चला गया। जोधपुर की प्रजा राजकुमार के दर्शन के लिए बड़ी उत्सुक थी। थोड़े दिनों तक रास्ता देखती रही, जब राजकुमार को जोधपुर में न देखा, तो वृध्दों और बालकों को छोड़कर, जिनकेमें चलने की शक्ति न थी, बाकी सब-की-सब अजमेर को चल दी। कई एक दिन में गाते-बजाते आनन्द मानते प्रजाजन अजमेर पहुंचे। वीर दुर्गादास ने अपने राजकुमार पर प्रजा का इतना प्रेम देखकर दरबार किया। सबने अपने इच्छानुरूप दर्शन किये और उनसे जोधपुर की सूनी गद्दी शोभित करने की प्रार्थना की। महाराज ने अपने पूज्य पिता की गद्दी पर बैठना स्वीकार किया। लगभग तीन मास अजमेर में रहकर महाराज जोधपुर चले आये। आज प्रजा को जैसा आनन्द हुआ, कदाचित् महाराज यशवन्तसिंह के शासन-समय में न हुआ हो। घर-घर हवन होता था।, द्वारे-द्वारे मंगल कलश धरे थे। बन्दनवारें बंधी थी। सुगन्धित फूलों की मालाएं लटकी थीं। शीतल वायु चल रही थी। दरबार में सुन्दर वस्त्र पहने सरदार तथा। योग्यतानुरूप जनता बैठी थी। सामने सोने के सिंहासन पर महाराज अजीतसिंह बैठे थे! पास ही वीर दुर्गादास खड़ा हुआ महाराज के आज्ञानुसार, सहायता करने वाले राजपूतों को उनकी जागीरों में कुछ बढ़ती करता और पट्टे बांट रहा था।वृद्ध महासिंह को कोषाधयक्ष बनाया, गुलाबसिंह तथा। गम्भीरसिंह को महाराज का रक्षक नियुक्त किया। करणसिंह को सेना-नायक बनाया। और दरबारियों की अनुमति से अपने ऊपर राज्य-भार लिया। अन्त में महासिंह की कन्या लालवा की बारी आई। दुर्गादास ने उसको सबसे अच्छा और अमूल्य पुरस्कार दिया; अर्थात राणा राजसिंह जी के ज्येष्ठ पुत्र जयसिंह के साथ विवाह निश्चित कराया और राज्य की ओर से ही बड़ी धू-धाम के साथ विवाह कर दिया।

इन सब आवश्यक कामों से छुट्टी पाने के बाद एक दिन दुर्गादास को शाहजादे अकबरशाह की याद आई; परन्तु शाहजादा वहां न मिला। पता लगाने पर मालूम हुआ कि दक्षिण में औरंगजेब की सहायता के लिए जब मुगल सेना जाने लगी तो शाहजादे ने शम्भाजी को उसके रोकने की अनुमति दी, परन्तु शम्भा जी ने सुनी अनसुनी कर दी। इस बात पर शहाजाद रुष्ट होकर मक्का चला गया और थोड़े दिनों के बाद वहीं उसका देहान्त हो गया। इस समाचार से दुर्गादास को बड़ा दु:ख हुआ; परन्तु करता क्या? ईश्वरेच्छा समझकर मन को शान्त किया। खुदाबख्श तथा। मुसलमान मदारी को महाराज ने अपने दरबार में रखा और सदैव उनका मान करते रहे। अपने साथ खेलने वाले भील

बालकों की शिक्षा का जोधपुर में ही प्रबन्धा कराया और उनके पिताओं को बड़ी-बड़ी जागीरें प्रदान की। दुर्गादास ऐसी नीति से राज्य था। कि किसी प्रकार कष्ट न था।शेर-बकरी एक ही घाट पानी पीते थे। चोरी-चमारी का मारवाड़ देश में नाम भी न था।; प्रजा निश्चिन्त और सुख से रहती थी। खजाना उदारता के साथ लुटाने पर भी बढ़ता ही था।टूटे-फूटे किलों की उचित रूप से दुरुस्ती कराई गयी। जहां कहीं नये किले की आवश्यकता हुई, तो नया बनवाया गया। महाराज ने उजड़ा हुआ कल्याणगढ़ फिर से बसाने की आज्ञा दी।

अब महाराज अजीतसिंह की आयु अठारह वर्ष की थी। धीरे-धीरे राज्य का काम समझ गये थे, और इस योग्य हो गये थे कि दुर्गादास की सहायता बिना ही राज्य-भार वहन कर सकें। यह देखकर वीर दुर्गादरास ने संवत् 1758 वि. में महाराज अजीत को भार सौंप दिया। जरूरत पड़ने पर अपनी सम्मति दे दिया करता था।जब 1765 वि. में औरंगजेब दक्षिण में मारा गया तो उसका ज्येष्ठ पुत्र मुअज्जम गद्दी पर बैठा और अपने पूर्वज बादशाह अकबर की भांति अपनी प्रजा का पालन करने लगा। हिन्द-मुसलमान में किसी प्रकार का भेदभाव न रखा। यह देख दुर्गादास ने निश्चिन्त होकर पूर्ण रूप से राज्यभार अजीतसिंह को सौंप दिया, किन्तु स्वतन्त्र होकर अजीतसिंह के स्वभाव में बहुत परिवर्तन होने लगा। फूटी हुई क्यारी के जल के समान स्वच्छन्द हो गया। अपने स्वेच्छाचारी मित्रों के कहने से प्रजा को कभी-कभी न्याय विरुद्ध भारी दण्ड दे देता था।क्रमशः अपने हानि-लाभ पर विचार करने की शक्ति क्षीण होने लगी। जो जैसी सलाह देता था।, करने पर तैयार हो जाता था।स्वयं कुछ न देखता था।, कानों ही से सुनता था।जिसने पहले कान फूंके, उसी की बात सत्य समझता था।धीरे-धीरे प्रजा भी निन्दा करने लगी। दुर्गादास ने कई बार नीति-उपदेश किया, बहुत कुछ समझाया-बुझाया, परन्तु कमल के पत्तो पर जिस प्रकार जल की बूंद ठहर जाती है,और वायु के झकोरे से तुरन्त ही गिर जाती है, उसी प्रकार जो कुछ अजीतसिंह के हृदय-पटल पर उपदेश का असर हुआ, तुरन्त ही स्वार्थी मित्रों ने निकाल फेंका और यहां तक प्रयत्न किया कि दुर्गादास की ओर से महाराज का मनमालिन्य हो गया। धीरे-धीरे अन्याय बढ़ता ही गया। विवश होकर दुर्गादास ने अपने परिवार को उदयपुर भेज दिया और अकेला ही जोधपुर में रहकर अन्याय के परिणाम की प्रतीक्षा करने लगा।

मनुष्य अपने हाथ से सींचे हुए विष-वृक्ष को भी जब सूखते नहीं देख सकता, तो यह तो वीर दुर्गादास के पूज्य स्वामी श्री महाराज यशवन्तसिंह जी का पुत्र था।, उसका नाश होते वह कब देख सकता था।परन्तु करता क्या? स्वार्थी मित्रों के आगे उसकी दाल न गलती थी,अतएव जोधपुर से बाहर ही चला जाना निश्चित किया। अवसर पाकर एक दिन महाराज से विदा लेने के लिए दरबार जा रहा था।रास्ते में एक वृद्ध मनुष्य मिला, जो दुर्गादास का शुभचिन्तक था।कहने लगा भाई दुर्गादास! अच्छा होता, यदि आप आज राज-दरबार न जाते; क्योंकि आज दरबार जाने में आपकी कुशल नहीं। मुझे जहां तक पता चला है वह यह कि महाराज ने अपने स्वार्थी मित्रों की सलाह से आपके मार डालने की गुप्त रूप से आज्ञा दी है। दुर्गादास ने कहा – ' भाई! अब मैं वृद्ध हुआ, मुझे मरना तो है ही फिर क्षत्रिय होकर मृत्यु से क्यों डरूं? राजपूती में कलंक लगाऊं; मौत से डरकर पीछे लौट जाऊं! इस प्रकार कहता हुआ निर्भय सिंह के समान दरबार में पहुंचा और हाथ जोड़कर महाराज से तीर्थयात्र के लिए विदा मांगी। महाराज ने ऊपरी मन से कहा – ' चाचाजी! आपका वियोग हमारे लिए बड़ा दुखद होगा; परन्तु अब आप वृद्ध हुए हैं, और प्रश्न तीर्थयात्र का है; इसलिए नहीं भी नहीं की जाती। अच्छा तो जाइए, परन्तु जहां तक सम्भव हो शीघ्र ही लौट आइए। दुर्गादास ने कहा – ' महाराज की जैसी आज्ञा और चल दिया; परन्तु द्वार तक जाकर लौटा। महाराज ने पूछा चाचा जी, क्यों? दुर्गादास ने कहा – 'महाराज, अब आज न जाऊंगा; मुझे अभी याद आया कि महाराज यशवन्तसिंह जी मुझे एक गुप्त कोश की चाबी दे गये थे, परन्तु अभी तक मैं न तो आपको गुप्त खजाना ही बता सका और न चाबी ही दे सका; इसलिए वह भी आपको सौंप दूं, तब जाऊं? क्योंकि अब मैं बहुत वृद्ध हो गया हूं, न-जाने कब और कहां मर जाऊं? तब तो यह असीम धान-राशि सब मिट्टी में मिल जायेगी। यह सुनकर अजीतसिंह को लोभ ने दबा लिया। संसार में ऐसा कौन है, जिसे लोभ ने न घेरा हो? किसने

लोभ देवता की आज्ञा का उल्लंघन किया है? सोचने लगा; यदि मेरे आज्ञानुसार दुर्गादास कहीं मारा गया, तो यह सम्पत्ति अपने हाथ न आ सकेगी। क्या और अवसर न मिलेगा? फिर देखा जायगा। यह विचार कर अपने मित्रों को संकेत किया। इसका आशय समझ कर एक ने आगे बढ़कर नियुक्त पुरुष को वहां से हटा दिया। इस प्रकार धोखे से धान का लालच देकर चतुर दुर्गादास ने अपने प्राणों की रक्षा की। घर आया, हथियार लिये, घोड़े पर सवार हुआ और महाराज को कहला भेजा कि दुर्गादास कुत्तो की मौत मरना नहीं चाहता था।रण-क्षेत्र में जिस वीर की हिम्मत हो आये। अजीतसिंह यह सन्देश सुनकर कांप गया। बोला दुर्गादास जहां जाना चाहे, जाने दो। जो औरंगजेब सरीखे बादशाह से लड़कर अपना देश छीन ले, हम ऐसे वीर पुरुष का सामना नहीं करते।

वीर दुर्गादास इस प्रकार महाराज अजीतसिंह से विरक्त होकर और अपनी उज्ज्वल कीर्ति के फलस्वरूप अनादर और उपेक्षा पाकर उदयपुर चला गया। यहां उस समय राणा जयसिंह अपने पूज्य पिता राणा राजसिंह के बाद गद्दी पर बैठे थे। अजीतसिंह का ऐसा बुरा बर्ताव सुनकर उन्हें बड़ा क्रोध आया। परस्पर का मित्र-भाव छोड़ दिया। वीर दुर्गादास को अपने परिवार के मनुष्यों की भांति मानकर जागीर प्रदान की। थोड़े दिन तक दुर्गादास महाराज के दरबार में रहा, फिर आज्ञा लेकर एकान्तवास के लिए उज्जैन चला गया। वहां महाकलेश्वर का पूजन करता रहा। संवत् 1765 वि. में वीर दुर्गादास का स्वर्गवास हुआ। जिसने यशवन्तसिंह के पुत्र की प्राण-रक्षा की और मारवाड़ देश का स्वामी बनाया, आज उसी वीर का मृत शरीर क्षिप्रा नदी की सूखी झाऊ की चिता में भस्म किया गया। विधाता! तेरी लीला अद्‌त है।

Lector House believes that a society develops through a two-fold approach of continuous learning and adaptation, which is derived from the study of classic literary works spread across the historic timeline of literature records. Therefore, we aim at reviving, repairing and redeveloping all those inaccessible or damaged but historically as well as culturally important literature across subjects so that the future generations may have an opportunity to study and learn from past works to embark upon a journey of creating a better future.

This book is a result of an effort made by Lector House towards making a contribution to the preservation and repair of original ancient works which might hold historical significance to the approach of continuous learning across subjects.

HAPPY READING & LEARNING!

LECTOR HOUSE

LECTOR HOUSE LLP

E-MAIL: lectorpublishing@gmail.com

9 789390 198009